だいわ文庫

安売りしない会社は
どこで努力しているか？

村尾隆介

JN199658

大和書房

値段を下げる前に、
できることは
たくさんある。

PROLOGUE

利益を出すことから逃げない

CHAPTER 1

「安売り」で起こる10の問題

CHAPTER 2

あなたは「価値」を売っているか？

CHAPTER 3

プライシングのセオリーを忘れる

CHAPTER 4

「スタイル」のある会社になる

CHAPTER 5

会社自体のファンを増やす

CHAPTER 6

「スタッフ力」こそ会社の底力

CHAPTER 7

「ライフスタイルブランド」構築への挑戦

EPILOGUE

「新しい価値を生む」という社会貢献

PROLOGUE

利益を出すことから逃げない

「価格」を下げずに、「価値」を上げる

「値決めは経営である」

この稲盛和夫さんの言葉にあるように、プライシング（値決め）には、ビジネスの大切な要素がたくさんつまっています。

価格は、単なる数字の羅列ではありません。場合によっては、「うちの会社は、こんな会社」という、言葉よりも強烈な社会へのメッセージにもなり得ます。

ちょっと価格を上げ下げするだけでも、お客さまの層が変わる可能性がありますし、また業界内もしくは地域内におけるあなたの会社やお店のポジショニングも、その価格帯がひとつの決め手となっているはずです。

たとえば、最近では「ロイヤルホスト」が、いわゆるファミリーレストランというカテゴリを脱しつつあります。

キッチンレスでオーダーが入ったら温めるだけ、すべての人がターゲットで、もちろん24時間営業……なんていうファミレスの面影は、今のロイヤルホストにはありません。高付加価値な食材と、顔の見えるシェフ。24時間営業ももうすでに全店でやめています。

しかし、お客さまが減るどころか支持率は一部の層で高まりました。私自身も利用頻度が増えましたし、「ロイホ最近変わったよね。良くなったよね」「いい意味で、もうファミレスとは呼べないね」なんて声も聞きます。

もちろん、この戦略シフトにより足が遠のいた顧客層もいるでしょう。が、データ上では客単価はアップしているので、より絞ったターゲット層と相思相愛の関係を結べたともいえます。

「売れなければ、値下げをして売る」は、誰にでも簡単に思いつく発想です。

でも、これを繰り返していたら、企業としても個人としても、ビジネスの能力は永遠に高まりません。

逆に、**「ちょっと高いけど、喜んで支払ってもらえる会社やお店を目指す」**と決めたら、そこには絶え間ない工夫と努力、現状に決して満足しない向上心が必要になってきます。商人としての能力を伸ばす機会が格段に増えてくるのです。

私は、講演活動を通じて、たくさんの「価格競争はしちゃいけない。でも、わかっていても止められない」という、全国の小さな会社の経営者に出会ってきました。

また一方で、コンサルティング活動を通じ、「ちょっと高いけど、喜んで支払ってもらえるようなファンがいっぱいの会社やお店」にも、たくさん関わってきました。

前者が「困りごと」だとすれば、後者は「解決策」。今回の書籍は、このふたつを結びつける「橋」のようなイメージで書きました。

「会社の利益」という話になると、「何か悪いことをしているはず……」「搾取しているのでは？」という連想ゲームになりがちです。もちろん、本当にそういった会社があれば、それは言語道断です。

でも、経営者とスタッフが利益を生むことから逃げてしまい、安売りをし続けた結果、協力関係にある会社や人に約束通りの支払いができていない会社があれば、それもまた悪事です。

どんなに社会的に立派なメッセージを掲げた会社であろうと、利益を出さなければ税金は払えません。

せっかく好きなことで起業をしても、利益がなければ続けていくことができません。

世の中に雇用を増やすこともできません。

それどころか、潰れてしまえば世間に多大な迷惑をかけることになります。

小さな会社にとって「価格を下げるのではなく、価値を上げる」は、とても大きなチャレンジです。でも、その先には経済的な成功や、チーム全体の成長、関わるすべての人たちが幸せになるビジネスの実現など、数え切れないほどの良いことが待っています。


まずは「安売りをしない。少しだけ高く価格設定してみる。それでも喜んでいただける価値を提供する」という思考のクセを身につけることが大事ですので、この本は、そんなところからスタートしたいと思います。

次いで、プライシングに関する新しい発想について触れていきます。さらに、会社の価値を上げるために欠かせない「スタイルを持つこと」「会社自体のファンをつくること」「チームビルディング（組織や部署の結束力の強化）」といった観点から、数々の実際に成果に結びついたアイデアをご紹介します。

それらは、その気になればほとんどコストをかけずに、明日からでも実現が可能なものになっています。発想の転換だけではなく、一日も早くアクションに落とし込んでいただければ、著者としてこれほど幸せなことはありません。

「驚き」という観点から、メディアは激安の商品やサービスを報じていますが、すべての会社が安売りの方向に走っているわけではありません。価格ではなく価値で選ばれている小さな会社も、世の中にはたくさんあります。

価格競争からどう抜け出すか？

「でも、競合に対してより高い価格設定なんて本当に可能なの？」

すでに、こんな風に思っている方もいるかもしれません。たしかに、「競合と同等かそれ以上のクオリティのものを、その競合以下の価格で売り出す」というのが、ビジネス界の値決めのセオリーです。

では、ここでちょっとだけ、私が講演やセミナーの会場で行うドリルをやってみましょう。

普段はグループになって、「女性専用の◯◯をつくろう！」というテーマで、参加者の方々にディスカッションしてもらいますが、今は頭の中でリストアップするだけにとどめたいと思います。どんな「女性専用の◯◯」があったら女性は嬉しいでしょうか？　ぜひ、いくつか考えてみてください。

このディスカッションは、性別や世代によって様々なアイデアが出てくるので、とても興味深いものに発展します。女性専用の立ち食いそば屋さん、女性専用のオフィスビル、女性専用の墓地……挙げだしたらキリがないのですが、例外なく毎回出てくるのは、「女性専用のタクシー」です。でも、面白半分でこの回答が出てくるわけではありません。

背景には、女性が一人でタクシーを利用したときに少なからず恐怖を感じたことや、嫌な思いをした経験があります。いわば、これは切実なニーズなのです。

彼女たちが求めているのは、単に「ピンクで花柄のタクシー」という中途半端なものではありません（一部の女性は「女性向け」という話になると、すぐに男性がピンクで花柄にしようとすることに辟易《へきえき》しています）。

ドライバーさんも、一人暮らしの自宅の前まで送ってもらっても安心な女性。アロマにも気を配っている車内は、いつ乗ってもニンニク臭いことが一切ありません。シートカバーも女性好みのデザインで、車内で手が触れるところはベタベタすることなく、いつも清潔。音楽も、働く女性の時間割に合わせ、考えてセレクトされたBGMです。もちろんメジャーな駅ではタクシー乗り場も、女性専用の場所が完備されている……そんな女性専用のタクシー会社です。

こんなアイデアが出てくると、他の女性も「わぁ、そんなタクシーがあったら嬉しいね！」と笑顔になります。そうなったら、ディスカッションをリードする私は次にこう聞きます。

「東京だったら初乗りは現在410円。では女性のみなさん、そんな女性専用のタクシーがあったとしたら、いくらまでだったら気持ちよく支払うことができますか？」

実にたくさんの女性に、この質問をしてきましたが、今のところその平均値は「初乗り980円までなら、喜んで払う」といった感じです。

業界のルールや規制で自由に値決めができないのでなかなか実現は難しいのですが、このディスカッションから導きたい私のポイントは、**「自分の困りごとを解消してくれるなら、多少高くてもかまわない」**というユーザーの心理です。

どんなに便利な世の中になったように思えても、人には商品やサービスに対しての不平や不満、不便や不安が、まだまだエンドレスにあります。

「もっと楽しい方がいい」「もっと感動したい」といった欲求もあります。売り手も買い手も気がついていないような、実に細かいことかもしれません。でも、それらは全部「困りごと」です。

大枠で考えると、ビジネスは「誰かの困りごと」を解消するために存在するものです。その困りごとを、商品やサービスを通じて解消してあげることの対価として、売上が発生します。

となると、ひとつの考え方としてこんなことが言えると思います。**「競合が気づいていないようなお客さまの困りごとを、会社として解消し続けることができれば、価格競争に巻き込まれることはない」**、と。

もちろん、競合他社がその困りごとの解消の部分であなたの会社に追いついてきたら（しかも、さらに低価格で）、そこから価格競争再開です（そうならないように、今度はブランド化が必要になってきます。その話は、また後ほどChapter4で）。

ちなみに、同じように「飛行機のエコノミークラスでも、男性と男性の間に挟まれるのは嫌なので、通常価格より高くてもかまわないから女性専用のセクションを設けてほしい」という声も多いです。

「商品」ではなく「会社」のファンをつくる

「比べられているのは、決して価格だけではない」

これは、私があらゆる業界や地域でコンサルティング活動をしてきた中で浮かんできた、ひとつの結論です。

誰でも消費者として似たような経験があると思いますが、お客さまは段階によって、「知りたいこと」が変わってくるものです。

多くのケースでまずお客さまが知りたいのは、商品やサービスについてです。

そのスペックや特徴、価格やアフターサービスといったことが最大の関心事です。

もちろん、同じような商品やサービスがあれば、この時点でいろいろ比較もするでしょう。

お客さまがその商品やサービスをしばらく使い続けると、今度は興味が段々と、それを製造している、もしくは売っている〝会社自体〟にシフトしていきます。インターネットで調べたり、ブログを読んだり……。お客さまの中にアンテナが立つので、その会社のことが書かれた雑誌や新聞の記事などにも気づきやすくなり、熱心に読んだりします。もしかしたら、工場見学や会社訪問をしたくなる人も出てくるかもしれません。

ここまでくると、そのお客さまはお客さま以上の「ファン」と呼べるような存在になります。**価格で選択するお客さまとは異なり、ファンにとって価格差は、さほど気になりません。**それよりも、その会社の姿勢に対する共感や応援が、その会社を選択し続ける動機になっています。

みなさんにも、そんな感じで利用している商品やサービス、会社やお店があるかどうか、ちょっと思い出してみてください。

この話をある建築会社の社長にしたところ、彼は公私共に「宅配便を使うなら、必ずクロネコヤマトの宅急便」と決めているそうです。

他サービスに比べ多少割高かもしれませんが、クール宅急便やゴルフ・スキー宅急便など、業界のリーダーとして常に斬新なサービスに率先して取り組む姿勢や、社会貢献活動の一環として始まった「スワンカフェ&ベーカリー」（障がい者と健常者が共に働ける職場）に共感し、いつまでも応援したいと思っているからだそうです。

私自身もほとんどの場合、アウトドア用品は「パタゴニア」を購入します。

数あるアウトドア用品のブランドの中から、どうして価格が決して安いとはいえないパタゴニアを選ぶかといえば、理由は同じです。１９８５年から続く、パタゴニアの売上の1%を自然環境の保護・回復に利用する誓約（1%フォー・ザ・プラネット）や、「長持ち」を重視した流行り廃《すた》りに左右されない色や形の衣類をつくるような哲学に共感し、応援したいと思ったからです。

つい最近も、カリフォルニアにある「パタゴニア」本社を訪れ、いろいろと意見交換をさせていただいてきたのですが、日本はファッション誌などからの情報が豊富で会社自体を知る機会が多いこと。目が肥えているユーザーが多く、会社自体の取り組みなども知った上で商品を選択する傾向があることから、私を含め、「パタゴニア」を支持するファンは、ますます増え続けているそうです。

クリックひとつで会社自体を調べることができるようなスピーディに情報がめぐる今、お客さまの「商品について知りたい」から「会社自体のことを知りたい」への移行期間は、以前に比べて短くなったように感じます。いや、ほぼ同時といっても過言ではありません。

事実、アメリカのオーガニック系のスーパーマーケットでチョコレートやヨーグルトを買うと、そのパッケージには、「どうして私たちはこの会社をつくったのか？　どうして存在しているのか？」といったショートストーリーが印字されています。これもお客さまの「会社について知りたい」のニーズを満たすためのものです。パッケージに書いてあったら、きっとあなたもなんとなく読むと思います。

企業のウェブサイトをアクセス解析してみると意外にも、その会社についての説明や、創業者・経営者の想いが綴られたページがよく見られていることに気づきます。

比べられているのは、決して価格だけではありません。会社の哲学や使命感、「社会に役立っている度」のようなものも、全部まとめて比べられているのです。

そんな時代において大切なのは、会社自体をブランド化し、会社自体のファンを増やしていくことです。

会社自体に「お客さま」以上の「ファン」がいれば、価格競争とは次元の違うビジネスが展開できます。何よりも、会社自体にファンがついているということは、言い換えるならば新商品や新サービスを楽しみに待ってくれている人が、常に市場に存在するということになります。

反対に会社自体のファンが皆無なら、新商品・新サービスを市場に投入するごとに、極端な話、またゼロからお客さまを探さなければなりません。

商売のライフサイクルが短くなった現代社会において、「新商品や新サービスを待ってくれている人がいる」ことは、会社にとって最高のリスクヘッジ。戦略上、とても有利なことなのです。

大企業にできないことを徹底する

「接するスタッフが気持ち良かったから」

これが、ある調査でわかった、人がモノやサービスをリピートする理由です。

たしかに振り返ってみても、買うつもりもなかったのにスタッフの人があまりにも感じがよかったから「思わず購入してしまった」とか、「ひとつしか買う予定じゃなかったのに、結局ふたつ購入してしまった」とか、おまけに「友人の分も買ってしまった」という経験、誰にでもあると思います。そしてリピートしてしまう……。

これはEコマースでも同じです。ネット上のことなので直接顔を合わせるわけではないけれど、事務的ではなく人として「気持ちがいいなぁ」と思えるやりとりができた会社やお店は、また次の機会にもリピートし、友人にもすすめます。

一方で、こんな経験もありませんか？　せっかく買う気満々でそのお店に行ったのに、スタッフの応対や態度、格好、空気感があまりにもひどくて、買うのをやめてしまったなんていうこと。

私が過去に関わってきたケースでは、**安売りしない会社は例外なく「スタッフ**

力の強化」に多大なエネルギーと時間を費やしています。

商品やサービスだけではなく、「接していて気持ちがいいスタッフ」も、料金の中に含まれていると捉えているからです。それどころか、そここそが「うちの価値」と考えている会社も少なくありません。

クレド（信条、働くスタッフが共有する行動指針）を用いて仕事観の共有を行うのはもちろんのこと、研修を充実させたり、社会貢献活動を通じて人間力を育んだり、スタッフ力の強化には多種多様な方法があります。そして、終わりがありません。

多くの小さな会社は、「お金も時間も余裕がないから、研修などによるスタッフ力の強化はパス」と言います。でも、それは間違いです。

小さな会社は大きな会社よりもスタッフの数が少ないのだから、スタッフ力やチームビルディングを、より強化しやすい状況にあります。**大きな会社と価格で競いたくないのなら、その他の「大きな会社にできないこと」を徹底していくの**

が、小さな会社のすべきことです。

価格ではなく、企業としての姿勢を確立し、それを損なわない「スタッフの良さ」で選ばれるようにしていくことが、小さな会社の進むべき道です。

Chapter6でも詳しく述べますが、安売りをしない会社は、何よりも職場での「喜びの声のシェア」を重視しています。これは文字通り、お客さまからいただいた嬉しいコメントを、ミーティングや朝礼などの時間を使ってスタッフ間で共有するというものです。自分たちのやっていることは喜ばれているのか？どんな風に喜ばれているのか？　どのくらい喜ばれているのか？　これをしっかり仕組みとして、全スタッフに伝わるようにしています。

また、お互いを褒め合うようにしています。基本的なことかもしれません。でも、喜びの声が届いても、スタッフルームに貼っておしまいという会社が意外と多いのです（「貼った＝伝えた」ということにはなりません）。

古今東西、自分たちが役立っていること、自分たちの存在が喜ばれていることを知ることは、誰にとっても嬉しいことです。そして、それが価格ではなくそれ以外の部分で褒められているのなら、自分たちが提供している価値に自信がつきます。誇りを持って仕事ができるのです。

先ほど、「会社自体をブランド化する」という話をしましたが、その「ブランド」という言葉のひとつの定義には、「ブランドとは、約束のこと」というものがあります。つまり、売り手には、買い手との間に交わされた約束のようなものがあり、その約束を安定的に果たせる会社こそ、その地域や業界における「ブランド会社」というわけです。

そのブランド会社、もしくはブランド店と呼ばれる会社の約束事を「ブランドプロミス」と呼びます。これについては、Chapter5で説明しますが、近年ブランド戦略の世界では、このブランドプロミスを小さな会社もしっかり明文化し、それを公表するという動きが始まっています。

たとえば、私が率いるスターブランド社にもホームページなどで公表しているブランドプロミスがあります。そのひとつには、はっきりとこう書かれています。「スターブランド社は、接していて『気持ちがいい』と思っていただけるスタッフだけを採用します」

私たちの会社は、創業当初から、一切の値引きをしたことも、営業をしたこともありません。それでも価格ではなく価値で選んでいただけているのは、この約束によるところが大きいのではないかと思っています。

「関わるすべての人をファンにするスモールビジネスの構築」。これこそ、私がコンサルティングの現場で目指しているものです。

この書籍が、ひとつのきっかけとなり、みなさんの会社のファンが、これからも増え続けていくことを、心よりお祈りしています。

さあ、この本は、ここからが本番です。

CHAPTER

1

「安売り」で
起こる
10の問題

小さな会社の経営者が集まると、
かなりの確率で出てくるのが
「価格で競いたくない」
「安売りしたくない」という話です。
ここで今一度、安売りすると、
一体どんな問題が起こり得るのか、
整理しておきましょう。
他にもたくさん考えられますが、
代表的な10項目を挙げてみました。

PROBLEM

むやみな「安売り」はなぜいけないのか？

仕事の現場には「良いものを、より安く」と、日々知恵を絞っている人たちがたくさんいます。徹底して無駄を省いたり、自動化する機械を導入したり、国境を越えて仕組みをつくったり、最新の技術を上手に利用したり……。そういった努力のおかげで、私たちはそれまで経済的に購入が難しかったものにも手が届くようになりました。

「安さへの挑戦」は「知恵比べ」でもあり、それが人類を進歩させてきたといっても言い過ぎではないでしょう。私自身も含め、文明社会で生きている多くの人がこの恩恵を受けています。これは感謝すべき、素晴らしいことです。

でも、一方で、「価格競争から一刻も早く脱したい」と考えている小さな会社やお店の経営者もいます。ここでは、むやみに安売りをしてしまうことで起こり得る、小さな会社の問題点を挙げていきます。これらのポイントに「！」となれば、本書をより楽しんでいただけるかと思います。

1 売上は出ても利益が出ない

大好きなことで起業をしても、利益を出さないと続けていくことができません。ビジネスは、売上のためではなく利益のために行うものです。日本国内の市場は、どこを見ても縮小傾向。減収増益モデルの構築は、小さな会社にとって急務です。「利益を出すことから逃げない」、これが大切です。

2 理不尽なクレームが増える

それまで価格を維持しながら、少ないお客さまと相思相愛でやってきた会社が安売りを始めると、後々声を揃えてこう言います。「お客さまは増えたけど、理不尽なクレームも増えた」。対応に疲弊し、商売をやめてしまった方もいます。「あのころに戻りたい」と思っても、価格と顧客は戻せないものです。

3 リピーターが減る

年収にかかわらず「より安く買えれば嬉しい」とは、誰もが思うこと。が、同時に「買っていただいているのはモノだけではない」という認識も必要。「もっと安くも買えるけど、あなたのところが好きだから」は、最高の褒め言葉です。今いる大切なお客さまが来なくなったら、それは大変な損失です。

4 他店との安売り競争から逃れられなくなる

あるお店では、ポリシーとしてクーポンの発行をしないそうです。その理由は、「価格だけを見て来るお客さまは、また価格で去っていくから」。そのかわり、そこは「うちのお店は、こんなお店です」というメッセージを店構えやスタッフの行動など随所で発信。個性で選ばれるお店になっています。

5 お客さまと価格のことで戦うようになる

「お客さまといい関係でいたい」。売り手がこう思っていても、相見積もりで比較された上で、「もうちょっと安くしてよ。じゃないと他で買っちゃうから」と、これでは何だかお客さまと敵対しているみたいですね。かけひきの毎日は、心がすり減ります。目指すは、「価値で選ばれる会社」です。

6 アイデアのない会社になる

「値引きしたら買ってあげるって言っていますが、どうしましょう？」

受話器を手で押さえながらこう叫ぶスタッフに、毎回オーケーを出し続ける上司ばかりの会社に成長はありません。「ちょっと高くても買っていただける工夫」

を重ねることで、はじめてスタッフや会社自体にビジネスの力が育まれます。

7　組織づくりに時間が割けない

小さくてもキラリと光る会社づくりに、チームビルディングは欠かせません。会社が利益を出すことで、職場づくりにも投資ができます。すてきな職場には、すてきなスタッフが集まります。すると、自然とパフォーマンスが上がってきます。逆にチームの士気をダウンさせるのは、利益なき繁忙《はんぼう》です。

8　仕事が増える

コスト管理や見積もり作成、会議での値決め等々、会社における価格に関連した仕事は実に多いものです。それゆえに、価格に関する哲学やポリシー、はたまた文化のようなものが根付いている会社は、そうではない会社に比べて仕事が効率的です。スタッフも値決めの方向性で迷うことはありません。

9　協力会社に迷惑をかける

以前よりも、社会貢献活動や寄付に積極的な会社が増えてきました。社会全体が優しい方向に向かっているのは喜ばしいことです。しかし、どんなに会社が社会貢献的でも、関わる協力会社への支払いが遅れたり、買い叩いたりでは台無しです。関わるすべての人の経済的利益を考えるのも、社会貢献活動です。

10　広告しても値段しか覚えてもらえない

コストをかけて広告をしても、価格だけしか見られないのは残念。その地域・業界で、小さいながらも名が知られるようになっていく会社には、思わず誰かに話したくなってしまうようなディテールへのこだわりやサプライズがつきものです。それらも経済的・気持ち的な余裕があってできることです。

「楽しく仕事がしたい」と話すスタッフや経営者は多いです。

でも、その「楽しい」という言葉の意味には、ずいぶんと幅があると思いませんか？「ほどほどの給料が貰えて、責任とプレッシャーがない状態」を「楽しい仕事」とする人もいます。「チームワークで目標をクリアし、達成感を味わう」ことが「楽しい仕事」と考えている人もいるでしょう。

私は「楽しい仕事」には、「楽しい人たち」が不可欠だと思っています。

単にスタッフや協力会社を含めたチームのみならず、お客さまも、そのお客さまが連れて来てくださるお友だちも、いつまでも一緒にいたくなるような気持ちがいい人たちであること。これが、ものすごく大切です。

「誰とやるか」は、時に「何をやるか」よりも、私たちの「楽しい仕事」に影響するかもしれないと思っているくらいです。「これもお金のため」と人間関係で我慢し続けるのは、大変なストレスになります。

ただし、せっかく「楽しい人たち」が集まるような会社になっても利益が続かなくなってしまえば、それで終わり。解散です。

私は「楽しい人たちと、楽しく仕事をする」と「お金・売上・利益」には、密接な関係があると思っています。

「このチームとお客さままで、これからもずっとやっていきたい」

このフレーズは少なからず、私が毎日仕事に一生懸命になるためのモチベーションになっています。仕事なのにこんな風に思えるなんて、本当に幸せなことだと思います。

でも、そんな会社経営の実現も、振り返れば**「利益を生むことから逃げない」を意識してきた結果です。**

そして、この先もこの状態を維持していくために必要なことも明確です。

それは、**「価値を上げ続けること」**です。

さあ、次はビジネスの世界で頻繁に登場する「価値」について、一緒に考えていきましょう。

CHAPTER

2

あなたは「価値」を売っているか？

価値、価値、価値……価値という言葉は、
毎日のように仕事の現場で耳にしたり
口にしたりするものですが、
いざその意味を問われると
なかなか即答しづらいものがあります。
理解しているつもりでも、
仕事人として経験を積めば積むほど
その言葉を深く感じるようになったり、
自分なりの定義がひらめいたり、
もしくは反対に遠のいていったり。
ビジネスパーソンにとって
「価値とは何か?」は、禅問答のようです。

VALUE

01

価格以外で「お得感」を出す

価値という言葉を辞書で調べてみると、「値打ち」とか「その事物がどのくらい役に立つかの度合い」などと書いてあります。

簡単にいうならば、「欧米並みの住まいの豊かさを、日本の人々に提供する」というビジョンを掲げて成長を続けている、家具の「ニトリ」の「お、ねだん以上。」という、あの有名なコーポレートメッセージ（ロゴの前後左右に付いているスローガン）と同じです。

どんな商品やサービスであれ、お客さまが払った価格以上の、もしくはそれを遥かに超えた喜び……それが基本的なところでいう「価値」です。

そう考えると、やはり「値下げをして売る」は会社にとって一番簡単な「価値上げ」ということになりますね。昨日1000円だったものが、今日その半額の500円になっていたら、やっぱり嬉しいです。誰だって支払う価格以上の喜びを感じます。

でも、問題はその後。

価格競争が始まり、「500円？ でも、他のお店も大体同じくらいの値段で売っているね」が当たり前になってしまうと、お客さまはもはやそこに「価値」を感じてくれなくなってしまいます。

それどころか、買い手は「もっと安くして、おまけして」。売り手は「なんのために商売しているのだろう？」と考え始める薄利のスパイラルに入っていく可能性大です。

そうならないためにも、すでに繰り返し述べているように、**安売り以外の部分でより喜んでいただけることを考えていく、すなわち価値を上げていくという仕**

事が必須です。これこそが価格競争を脱するために必要な、小さな会社のビジネスの能力です。

また価値という話で興味深いのは、「何を価値と感じるか？」は、人によって違うところです。ある人にとっては捨てようと思っていたゴミでも、ある人にとっては10万円払ってでも欲しいアンティークであることもあります。

商品の機能やサービスについても同じです。「これはリバーシブルになっていますね」と聞いて、「だったら価格以上のお得感があるね」と思う人もいれば、「どうせ片側しか使わない」と、そこに響かない人もいます。

ラーメン屋さんのスタッフに愛想を求めない人もいるかもしれませんし、「どんなに安かろうが、美味しかろうが、客商売である以上、接客態度は外せない」と、そこに重きを置く人もいます。

私は、ちょっと値段が高くてもアメニティや機内、もしくは機体のデザイン性が高い航空会社で楽しく移動したいタイプで、選択肢があればよりデザインに力を入れている会社を選びます。

タイムスリップして、物々交換の世界を想像してみてください。

物々交換の世界では、お互いが「交換するだけの価値がある」と感じて、はじめて交換が成立します。

どちらかが釣り合わないと思ったらおまけを付けたり、量を調整するなどして、交換が成立するようにします。山に住んでいる人の「山の幸」と、海の近くに住んでいる人の「海の幸」。めずらしさや必要性から、普通に考えたらこの物々交換は成立しそうです。

でも、似たり寄ったりな幸を持った人が、海からも山からも大勢やってきて、「この中の誰と物々交換していいかわからない」という状態になったら、一体どうなるか?

まず、交換する物の量をさらに増やす演出をする人が出てきます。これはリアルな世界の値引きに似ています。

量ではなくて、物々交換時の接客（？）やトーク術に磨きをかけてくる人も出てくるかもしれません。

自分が持ってきた幸に装飾をして、より魅力的にディスプレイする人も出てくるかもしれません。

遅かれ早かれ何かしらの〝自分の印〟をつけて、その交換する物の品質を保証する人も出てくるでしょう。ちなみに、ブランドの歴史はこんな感じで始まっています。ブランドの語源は「焼印」です。

さて、この市場で明日から「量を増やすことで、価値を上げる」は一切禁止というルールができるとします。それでもあなたは毎日ここで物々交換を成立させる敏腕トレーダーにならないと、家族が路頭に迷うことになってしまいます。

あなたなら、どうやって、この市場で売れっ子の地位を確立しますか？

02

「より安く」を捨ててみる

「価格を下げずに、価値を上げる」というのは思考癖です。「より安く」という、いつもながらの発想ではなく、楽しくブレインストーミングしながら「価格を下げずに、価値を上げる」を試みる。お酒を飲みながらでもいいので、次に値決めをする機会があれば、ぜひ仲間を集めて話し合ってみてください。

私はこんなエクササイズをよく自分のセミナーで行います。これは以前に、私が浜口隆則氏と共著した書籍『だれかに話したくなる小さな会社』（かんき出版）の中でも少し触れたので、今日はアイスコーヒーに替えてみましょう。

頭の中で想像してみてください。これから、あなたはカフェを出店します。商圏内で、ゆっくりおしゃべりしながらアイスコーヒーが飲めるようなお店は、全部で8軒。その平均価格は大体400円です。

より安くということで、「アイスコーヒーは一杯350円にしよう」という話も出ましたが、「低価格だからといってリピートしてもらえるとは限らない」という意見もあり、ここは大胆に地域平均の二倍の値段、つまりアイスコーヒーを一杯800円で出すことにしました。

しかしお店の内装は特にゴージャスなわけでもなく、立地もズバ抜けて良いわけではありません。それでも、アイスコーヒー一杯に対する800円をお客さまに喜んで払ってもらえるようにするためには、どんなアイスコーヒーの出し方をすればいいでしょうか？　もしくは、どんなお店にしていけばいいでしょうか？

なるべくコストをかけずに価値を上げていくためにはどんなことが考えられるか、ちょっと話し合ってみましょう。

このディスカッションから、いろんなアイデアが生まれます。「ギンギンに冷えたグラスで出して、名前を〝南極アイスコーヒー〟としよう」

「いいね！　それを８００円の最高級品としてメニューに載せておいて、通常のアイスコーヒーも６００円という設定でその下に書いておこう」

という具合に、どんどん話は膨らんでいきます。

「いやいや、グラスよりもやはりカッパー（銅）のカップで出した方が価値は高まるのでは？」

「ワインみたいにデキャンタとグラスで出せば、注ぐという〝体験〟や、涼を楽しむための氷の〝音〟も楽しんでもらえると思う。それに、普通のグラス一杯以上の量があるのだから、８００円でもお得感が演出できるよ」

パンパンパーンと意見が続くブレスト会議は実に楽しいです。こんな毎日なら仕事嫌いな社会人なんていなくなるかもしれません。

逆に「それだと800円は高く感じるよ」という意見としては、「既製品のガムシロップとクリームをそのまま出す」「作業台で、業者向けパックに入ったアイスコーヒーをグラスに注いでいるスタッフが見える」というものがよく挙がってきます。

このクリエイティブな議論のまとめとして私がよく伝えるのは、「ノートひとつでも価値を上げることはできる」という話です。

お客さまにお店を好きになってもらうためには、先にお客さまのことを好きになるのが一番の方法です。「好きになる」という言葉が大袈裟であれば、**「お客さまに強い興味を持つ」**でもかまいません。

プロアスリートの中に、学生時代からずっと「もっと上手くなるためのノートをつけている」という人は大勢います。練習や試合での反省点を記したり、今度トライしたいと思っていることを綴ったり、動きのイメージを絵で描いてみたり……中村俊輔さんのサッカーノートなんて有名ですね。

アスリートではないけれど、お金をいただいている以上私たちもプロの社会人。よりよく毎日仕事をするために、私たちも「毎日、仕事に関するノートをつける」を習慣化したいところです。

「週末の午前中に来るあのお客さまは、アイスコーヒーをブラックで飲み、必ず読書を一時間ほどしていく。静かな窓際の一番奥の席が好みらしいので、次回もそこへご案内しよう」

「クリエイティブ系の職業のあのお客さまは、いつも打ち合わせでお店を利用してくれている。書類を広げるときにテーブルの水滴が気になっていたみたいだったので拭くものをお出ししたら、とても喜んでくれた。次は注意して、もっと早く出せるようにしよう」

このように、お客さまの情報や次回すべき取り組みなどを店全体のサービスの向上のために個別でまとめていく。もちろん、ミーティングを通じてスタッフ全員でこれらを共有していく。早い段階でお客さまの名前も把握し、よりパーソナルに接するのもいいかもしれません。

こうして、一人ずつのお客さまと絆をつくっていくのは容易ではありません。が、これがお店のスタイルとして定着すれば、毎日利用するカフェにはならなくても、大切な人をお連れするときや自分へのご褒美として使うカフェとして、今後もリピートしてもらえるはずです。

よく足を運ぶお店、何度も経験した同じようなシーン。なのに、また同じことを尋ねてくるスタッフに対し、「いい加減に覚えてよ」と、口にはしないものの心で思った経験は、きっと誰にでもあると思います。

逆に会計時に、「いつもありがとうございます」と、いつも来ていることを認めてもらえただけで、そのお店を「これからも贔屓《ひいき》にしよう！」と気分よく店を出たこともあると思います。

お店の価値を上げる簡単な方法を挙げろと言われたら、私はきっとこう答えるでしょう。「お客さまに、ありえないくらい強い関心を持つ」

03

タクシーのワンメーターは高いか安いか

アメリカ人は、たまに冗談で「支払い」のことを「ダメージ」と表現します。

たとえば、スーパーマーケットのレジでも、最後に「あなたの今日のダメージは……」なんて前置きをしながら合計額を伝えてくれたりします（笑）。

たしかに一般的に、支払いは財布へのダメージです。逆に、支払い時なのに「いやいや、もっと払っても惜しくない」と思えるときは、それだけの「価値があった」ということになります。

「価値とは何か」を説明する上で、いつも私はワンメーター分のタクシーをたとえにします。

東京で乗るワンメーター分のタクシー料金は410円です。私は仕事上、1000円以内の支払いをすることがよくあります。

でもこの410円、かなり奥が深いのです。「これは本当に気持ちよく払える！日本じゃなければ、たくさんチップを渡したいくらい」と思うときもあれば、「乗らなきゃよかった。この410円は、本当に高い買い物だな」と感じる、非常に残念なときもあります。同じ410円という価格なのに、会社やドライバーさんによって、その価値は全然違います。

気持ちよく支払えるときは、総じてプロフェッショナルなドライバーさんが運転するタクシーに乗ったときです。

そういった方は、自分の仕事は、単に「この人をA地点からB地点に連れて行くこと」と捉えていないと思います。もっと広く、深く、そして本質的なところで、自分の仕事は「空間の提供」と定義しているのではないかと思います。

プロフェッショナルなドライバーさんは、ミラー越しに、もしくは乗り込んできた人の発する空気で、「この人は、今どうしてタクシーを利用しているのだろう」と考えて走り出します。

この人は、「時間がないから乗ったのか、このへんの地理に詳しくないから乗ったのか、携帯で電話をしたいから乗ったのか、それとも何か大仕事を終えた後のご褒美なのか」を即座に感じ取り、それに合わせた応対や運転をしてくれます。

もちろん、乗客の顔や体に緊張感が垣間見えたら、より優しい運転をしてくれると思います。もっとプロフェッショナルなドライバーさんならば、プライベートの時間を使って、コミュニケーション術などの自分磨きもしているかもしれません。公私問わず新しい道やビル、ホテルを覚えることにも時間を費やします。

こういったドライバーさんに巡り合えたときは、本当に気持ちよくタクシーの代金を支払うことができます。

逆に、何かしらの理由でこちらがイライラしているのに、そんなことに関係なくドライバーさんも一緒にイライラ。乗っている間、舌打ちやクラクションのオンパレードだったら、乗客の心拍数はさらに上がって降りるころにはグッタリです。

また、接客業であることを考えずに「好きだから」を理由に匂いが強いものを食べ、そのあとも運転を続けるドライバーさんに当たったときも、かなり困ります。プロなら、そこも仕事優先でいくべきです。

他にもいろいろなケースが考えられますが、「仕事なんて、こんなもんでいい」というレベルでやっているドライバーさんに支払う代金は、感覚的に高く感じます。

先ほど、「お客さまに対して強い関心を持つだけでも会社の価値は上がるもの」と記しましたが、これはまた違った角度からの会社の価値上げです。

その会社で働くスタッフが考える「自分の仕事」の幅や深さ次第で価値は変わります。

でも、それをスタッフの個人力による偶然にまかせてはいけません。**大切なのは、その経営者がスタッフに、どのように「自分たちの仕事」を定義づけ、しっかり組織全体に浸透させるかです。**

04

業界自体のシフトを考えてみる

タクシーの話つながりで、千葉県を中心に人気がある、バスとタクシーのグループ会社を紹介します。四社から成るグループの名前は「ビィー・トランセ グループ」。「日本一〝あいさつ〟を大切にするバスとタクシーのグループ会社」というコンセプトで活動している、ちょっとユニークな企業です。

「バスやタクシーの会社は、地域の人たちと毎日〝あいさつ〟を交わせる立場にいます。私たちが気持ちよく乗客の方に接することができれば、微力ながら地域を明るくすることに貢献できるのではないかと考えました。憂鬱《ゆうう》なニュースも多いので、人の移動に役立つ以上のことをしたいと思ったのが、このコンセプトの始まりです」

こう語るのはグループの代表である吉田平さん。単に経営者という枠にとどまらず、生まれ育った地域をこよなく愛す良きロールモデルとしても、その役目を果たしています。

高層マンションに住む人が下を覗いたときにニコッとなれるように、バスの屋根に様々な〝あいさつ〟をペイントしたり、世界中の〝あいさつ〟を車内に掲載して地域の子どもたちを楽しませたり……夏休みにはバスの会社ながら、スタンプラリー（実際はシールラリー）も行っています。

全スタッフがアイデアを出し合いながら進める企画は遊び心いっぱい。業界でも注目の的で、彼らの活動はメディアでも再三取り上げられています。

こんなユニークな展開や、それに伴うチームビルディングを円滑に進めるためには、ちょっとしたコツがあります。それは「バスとタクシーの会社だからといって、うちは従来型の道路旅客運送業界（バス・タクシー業界）にいるわけではない。うちは地域の人を楽しませるファンタジー業界に属する会社。ディズニーランドと同じ土俵にいるつもりでやっていこう」と、**業界自体のシフトを組織全体に意識づけること**です。

もちろん厳密にいえば、本当に属する業界を変えるわけではありません。これは、あくまで仮定の話です。

どうしてこんな話をチームに伝えなくてはならないのか？　それは、それまで慣れ親しんだ業界ならではの発想では、自分たちの会社の個性を磨くのに限界があるからです。

「業界の常識に捉われない」とはよく耳にする言葉ですが、さらにそこから一歩進めて、「業界自体をシフトする」。このイメージを持つことは、きっと会社の価値を上げることに貢献してくれるはずです。

CHAPTER

3

プライシングのセオリーを忘れる

価値について考えたら、
次はプライシングにも着手していきましょう。
私の経験上、ビジネスの成功の秘訣は、
関わるメンバーが
「そのビジネスを心から楽しめたか?」に
あるような気がしてなりません。
デザインやコピーを楽しく考えるように、
値付けもクリエイティブに考える。
これでいきましょう。

IDEA

1 キャッチコピーのように価格を決める

数字なだけに、「プライシングは難しい。楽しくはない」と話す人は多いです。たしかに価格は数字ではありますが、そこには文章と同様にメッセージ性があります。数字はユニバーサルなものですから、時にそれは外国人を含めた老若男女に対して言葉以上に通じるものがあります。

たとえば、一切の値引きやセール、アウトレットへの出店をしないアパレルブランドがあります。

たったそれだけのことですが、受け手はその会社の哲学やポジショニング、プライドのようなものを感じます。当然、それにより顧客層も絞られてきます。

聞いたことがないブランド名で、ボトル入りミネラルウォーターが30円で売られていたら、「やった！」ではなく、「大丈夫なの、これ？」と、受け手に不安を与えます。

大胆な値下げも同じです。**あまりにも価格が下がると、ごく少数だとは思いますが、「嬉しい」を通り越して、「今まで、どれだけ儲けていたのか？」と、それをネガティブなメッセージとして受け取る人も出てくる恐れがあります。**

富裕層の台頭がメディアで報じられれば高価格帯に、さらなるデフレが話題になれば安価に設定……そんな会社も、受け手には「一貫性がないブレている会社」という印象を残してしまいます。

価格は売り手からのメッセージ。

キャッチコピーと同じくらいの威力があると考えるのがベターです。会社やお店のスタンスは、これまでの、そしてこれからの値付けの方針が大きく影響します。

2 コストに振り回されない

値決めに関するセオリーは多数存在します。

ＭＢＡの教科書には、そういった計算式も出てきますし、また「レストランの食材費は定価の３割」「日本で販売する輸入品の適正価格は、現地価格の約１・５倍」といった定説のようなものも多々あります。

たとえば、スキミングという値決めの考え方があります。

新しい技術や革新的な商品が世に出たときに、誰よりも早く手に入れたいタイプの人は、少数ですが、いつの時代にも必ずいます。**このスキミングという手法は、その層に向けて、手が出るか出ないかくらいの高い値付けをする方法です。**

この言葉には「すくい取る」という意味がありますから、まさにカプチーノの泡をスプーンですくっていく、そんなイメージです。

かつてのDVDプレーヤーや、今現在ならば電気自動車（EV）、その後に続く水素燃料電池自動車などをイメージしてもらうといいかもしれません。

逆に、**誰でも迷うことなく買える価格、もしくは無料（後で売上が発生する仕組み）で新商品やサービスを投入し、瞬時にマーケットシェアを高める、ペネトレーションという方法もあります。**

「ペネトレイト」という言葉には、「広がる、浸透する」という意味があります。たとえば、家庭用プリンタは本体を安い価格で普及させることでシェアを獲り、後に消耗品で長く売り上げていく。そんな一例です。

また、少し古い事例ですが強烈だったのが「Ｙａｈｏｏ！ ＢＢ」が駅前などでモデムの無料配布を行っていたこと。あれも一気に市場で存在感を増していくための手段といえます。

伝統的に「価格とコストと競合関係」を含めた商品のライフサイクルは、上の

“商品ライフサイクルの図”

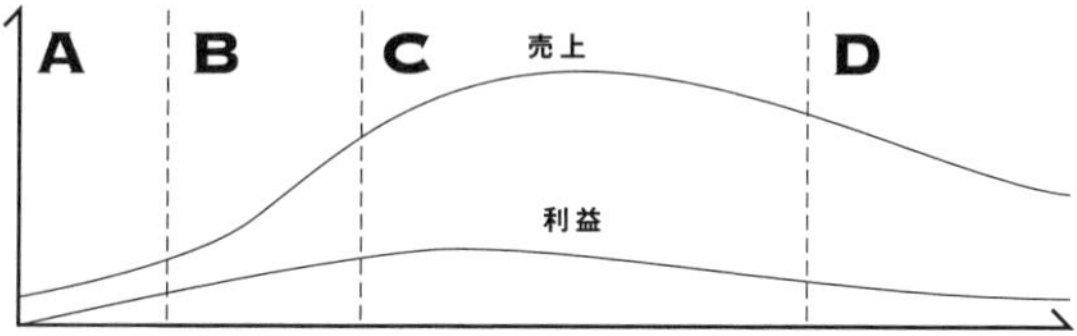

A 導入期 市場に商品・サービスが導入される初期段階。
いろいろなことにコストが掛かり、利益が出ないことが多い。

B 成長期 商品・サービスが市場に受け入れられると同時に、利益も増える。

C 成熟期 商品・サービスが浸透し、売上が落ち始める。
競争の激化により、利益も減少。

D 衰退期 利益も売上も、大幅に減少する。

ような図で表現されます。

商品ライフサイクルには、他にもいくつかのパターンがあります。

インターネット・コンピュータ関連の業界では、さらにこのサイクルが速いといわれています。また、商品・サービスの売上が軌道にのったら、あとは「コストを絞って増益を図る」というのも、ビジネスの世界では、誰もが自然に向かうところですね。

しかし、このようにプライシングに関する理論や数式を、どんなに学んだとしても、それが私たちの会社や地域、商品やサービスにそのままフィットするとは限りません。結局のところ、値決めに正解はないのです。

「製造コストや仕入れ値に20％上乗せする」、もしくは競合を見て「それよりも、ほんの少しだけ下げる」も、安売りをしない会社を目指すなら、そろそろ変えていきたいところです。

私は、もっと自分たちの仕事へのプライドを、自分たちのプライスに反映してもいいのではないかと考えています。

3 「買う前の不安」は取り除けているか？

「売れないのは価格のせい」と決めるのは、まだ早いかもしれません。

私の経験上、モノが売れない理由の多くは、価格以前に単に知られていないから。知らないものは、買うことができません。

これは、もちろんその商品やサービスの存在自体やスペック、価格等を伝えるという、広告・告知・パブリシティに関連した話でもありますが、私はそれに加えてさらにこんなことを考えています。

お客さまは、何かを購入する前にいろいろな不安を抱えています。


「これを買って使いこなせるだろうか？」

「使い続けられるだろうか？」

「ちゃんと取り付けられるだろうか？」

「プレゼントして喜ばれるだろうか？」

「わからないことがあったらサポートを受けられるだろうか？」

「そもそも、自分向きだろうか？」

「どんな人が利用しているのだろうか？」

「食べた後に後悔しないだろうか？」

……口には実際に出さないのですが、こんな風に購入する前にリスクを考えています。「高価なものの場合でしょ？」と思われるかもしれません。でも、無意識に小さな買い物のときも、意外と考えているものです。

ということは、売り手である私たちには大きな仕事がありますね。

そう、接客時や印刷物、ウェブサイト、デザイン、ネーミング、キャッチコピーなどを通じて、お客さまが抱える購買意思決定前の不安をすべて解消してあげるという大切な仕事です。

これができてはじめて「商品を知っていただけた」ということになります。**顧客の不安を解消できる会社は、価格とは違う次元で選ばれる会社になる可能性が高いと思います。**

4 「お客さまをつくる」という営業活動

コンサルティングの現場で思うのは、将来に不安を感じているお店は、「お客さまを待つ」という傾向にあるということ。逆に、「お客さまは自らつくるもの」というスタイルで動くお店は、おのずと世の中の変化にも敏感となり、前者に比べ、先行きに不安も少ないようです。

「お客さまをつくる」という姿勢を持っているお店は、**地域でのコミュニティ活動に熱心なところが多いです。**

町のスポーツ用品店が黙っていても売れた時代は、終わりを告げようとしています。

今は、スポーツ用品店が積極的に地域でランニングのイベントを企画したり、ウォーキングのクラスを行ったり……その果てにようやくシューズが一足売れるという、そんな時代です。アメリカでは、すでに「シューズを売っているだけのお店は支持されない」という風潮すらあります。

これは社会貢献活動といえば、社会貢献活動。営業活動といえば、営業活動です。でも、地域の一員として、そもそもこれくらいのことはして当たり前。単に、古き良き小売りの時代に戻っているだけです。

「トーセキ」というガス会社の地方営業所（茨城県牛久市）はその点、お手本になります。スタッフ全員がオシャレにデザインされたユニフォームを着て楽しそうに町の清掃をする姿はその地域の名物。表彰や取材も、たくさん受けています。

プロパンガスなんてどこで購入しても差がない、ともすれば価格だけが契約の決め手になりがちなものですが、「うちは絶対に『トーセキ』」と、地域の人気者になっています。

代表の柳慎太郎さんは、こう言います。「何よりもスタッフが幅広い社会との接点を持ったことが大きいです」

5 「待たせる」欧米型の戦略

講演を行った後の懇親会でのこと。ある経営者の方がこんな話を教えてくれました。

ヒット商品が生まれたとします。あまりにも売れるので供給が間に合わず、品薄の状態が続いています。こんなとき、アメリカ人の経営者、日本人の経営者、そしてヨーロッパ人の経営者がいたとしたら、それぞれ一体どうするか?

アメリカ人は、学生のころから授業で需要と供給のバランスについて叩き込まれます。市場の仕組みをよく知っているアメリカ人経営者は、このようなシチュエーションではその商品の価格を上げます。

では、同じ場面で日本人経営者なら、どんな行動に出るでしょう。

一般的に「お客さまを待たせちゃいけない」と考える日本人は、工場をフル稼働し、とにかく供給量を増やします。でも、流行り廃りが早い日本では供給が追いつくころにはブームも去り、残るのは在庫の山だけ。これはよく耳にする話です。

ヨーロッパ人経営者はどうするか？

「売れている？　在庫が足りない？　じゃあ、そのまま待たせておけば」と、値段を上げることもしなければ、特に供給量を増やすこともしません。ただ、お客さまを待たせるのです。

すると、辛抱強く待つ人が世界中に現れ、その商品の価値が勝手に上がっていきます。ヨーロッパのラグジュアリーな車もバッグも、みんなこの類です。「エルメス」のケリーバッグや「フェラーリ」の新車は、みんな辛抱強く待っています。

これはあくまで例なので、実際には様々なタイプの経営者がいます。でも小さな会社は、この「待たせる」という戦略から学ぶことも大きいはずです。事実、日本でも部屋数を減らして客単価を上げる旅館も出てきています。これによって多少予約がとりにくくなっても、良質なサービスと空間を提供できていれば、お客さまは減らないでしょう。むしろ予約のとりにくさがさらなるプレミアム感を呼んで、人気が出る可能性もあります。

6 プレゼンテーション（見せ方）にこだわる

「プレゼンテーション」というと、日本ではパワーポイントを使って人前で何かを発表する、いわゆる「プレゼン」を思い浮かべる方が多いかもしれません。

でも、英語圏でプレゼンテーションといえば、「見せ方」全般のことを指します。なので、アメリカで友人と道を歩いていてオシャレなディスプレイのお店なんかがあると、「おっ、この店のプレゼンテーションは、かっこいいな」なんて会話になります。

たとえ近くに大型量販店が誕生しても、地域で確固たる地位を保っている小さなお店は、その多くがプレゼンテーションに時間とエネルギーを費やしています。

最近の事例でいえば「カルディ」がわかりやすいかもしれません。全国のショッピングモールなどで見かける人気の輸入食品店ですが、そのユニークな陳列やPOPなどに、お客さまは楽しそう。

また遊べる本屋のコンセプトで若い世代から人気の「ヴィレッジ・ヴァンガード」もPOPやディスプレイの楽しさで有名ですね。本書の単行本ヴァージョンも、ヴィレッジ・ヴァンガードは各店で盛んに置いてくださっていましたが、ある店舗では『安売りしない会社はどこで努力しているか?』のタイトルへの回答のようにPOPに「うちはPOPやディスプレイで努力しています」と書いてありました（笑）。

北九州に本社を置き、福岡県を中心に熊本県・山口県のご家庭からも絶大な人気を誇るスーパーマーケット「ハローデイ」も、お店やその商品のプレゼンテーションの面白さで有名。鮮魚売場は海をイメージさせる青の壁に魚やタコの絵が描かれ、精肉売場では肉の塊が火の上で回転していたりと、まるでアミューズメントパークのよう。全国から見学者が絶えません。

安売りをしない会社やお店を目指すなら、妥協なき「こだわり」は、当たり前のことです。

しかし、それは商品やサービスに対してだけではなく、**その魅力を伝えるためのプレゼンテーションの仕方に対しても、であるべきです。**

「絵心がないから」「センスがないから」と、そこをあきらめてしまう会社もありますが、お客さまに「より喜んでもらいたい」と願うなら、ここは避けて通れません。図画工作が得意だったスタッフは、きっとあなたの職場にもいるはずです。

書店でも、手書きのPOPや手づくり感のあるディスプレイで見せる方が、より書籍が売れるというデータがあります。

ということは、この分野は大きな会社も小さな会社もジャンルも関係なし。ホームページひとつとっても、できることはたくさんあります。むしろ取り組まないと、もったいないかもしれません。

7 購買意思決定者にリーチする

女性向けのアパレル店にカップルが入って来ました。どちらかといえば女性がリードしている感じで、次から次に服を体にあてては鏡を見ています。好みの品揃えのようで、実に楽しそうです。

……でも、彼の方はテンション半分。どこに立っていればいいのかもわからず携帯いじり。何を聞かれても、「うん。いいんじゃない」の一言で終了。そして、ついには店の外へ一人で出ていってしまいました。ここで空気は一変。彼女はまだまだ見たいのに、その数分後、彼を追うように何も買わずに出ていってしまいました。後日また来るかもしれないけど、来ないかもしれません……。

この場合、服を買う直接のお客さまは女性の方です。

しかし、男性も極めて大切な存在です。男性を店内にステイさせる工夫、もっと気分を盛り上げ、女性の服選びに参加させる工夫があれば、このカップルをお会計にまで導けた可能性は高かったと思います。

以前、宅配ピザ店が韓流スターを起用してキャンペーンを展開していました。宅配ピザは、子どもが「食べたい」と言いだし、母親が「じゃあ……」と、数あるチラシの中からお店を選択、注文をするという流れになることが多いもの。

子どもには響かないかもしれないけど、当時の日本の母親に韓流スターは大切な存在。購買意思決定のプロセスを研究した、面白いアイデアです。

とことん心理を考える。購入までのプロセスを研究する。本当の購買意思決定者を見つけ、リーチする。

あなたの会社の場合はどうでしょう？　プライシングを上手にこなすためには、心理学の勉強と過去の研究からわかった購買に関する法則を知っておくことが大切です。

そして何よりも社会やお客さまを、ただ見るのではなく、よく観察すること！

8 値付けの仕組みを変えてみる

「価格を上げる、下げる」だけがプライシングではありません。

「プライシングの仕組み自体を変える」という発想もあります。

近年アメリカで最も成功したフローズンヨーグルトのお店「メンチーズ」は、

まさにプライシングの仕組み自体を変えて急成長を遂げたチェーンです（日本上陸も果たしました）。

それまでフローズンヨーグルトのお店といえば、カウンター越しに注文し、フルーツなどをトッピングしてもらい、その代金を払うというスタイルが一般的でした。

でも、「メンチーズ」にはオーダーするカウンターがありません。その代わり、お店の壁には数々のフレーバーのフローズンヨーグルトのサーバーが！

入店したお客さまは紙のボウルを受け取り、それらを楽しく味見しながら、好き勝手に盛っていきます。

それだけではありません。お店の中には、サラダバーのように、フレッシュフルーツやドライフルーツ、砕いたブラウニーやクッキーなどが用意されています。チョコレートチップだけでも数え切れないくらいの種類が置いてあります。

お客さまは、さらにトッピングで頭を悩ませることになります。

行くたびに違う楽しみ方ができる「メンチーズ」。最後にカップの重さを測り、お会計は、なんとそれで決まります。少ない人件費でお客さまも楽しめる、大満足のシステムです。

世界的に人気のバンド「レディオヘッド」は、無料も含めて好きにリスナーが値付けをしていいという画期的なアルバムの配信方法を採り、結果、その後発売された通常版のCDやツアーも含め、過去最大の成功を収めた作品となりました。

一部の飲食店では、上乗せする形の深夜価格が導入されるようになりました し、曜日によって予約制になるメガネ屋さんや車の販売店もあり、それぞれ少し価格を上げても売上を伸ばすことに成功しています。

新人の仲居さんが担当するからという理由で価格を下げる〝ワケありプライス〟の旅館も、とても面白いアイデアですね。

料金のチャージの仕方は多種多様に進化しています。ここまでくるとプライシングは、もはやクリエイティビティです。

9 リブランディングでイメージを刷新する

今までのイメージを刷新し、新たにブランドづくりに取り組むことを「リブランディング」といいます。

単にロゴをつくり変えるだけではなく、商品のパッケージを一新したり、すべての印刷物のイメージを統一したり、もしくは自社ブランドを顧客層、世代、価格帯に合わせて再構築したり……やり方はいろいろです。

「ブランド」と聞くと「高価なもの」を連想される方が多いですが、実際は各価格帯に存在するものです。「シャネル」もブランドですが、「しまむら」も、また低価格帯のブランドです。

もしも会社として、今よりも高い価格帯での値付けを目指していくならば、おのずとその価格帯にマッチしたリブランディングが必要になってくるかもしれません。

最近では「かっぱ寿司」がロゴを刷新し、店舗も順次イメージを新たにすることを発表しています。価格は1皿100円で変わりはないですが、より安心感や価値を上げていくのがリブランディングの狙いです。

再び心理の話になりますが、人は、色づかいやフォント、印刷物のスペースの使い方や質感、店舗のライティングなどから、「この会社はこのくらいの価格帯」と、ある程度の判断ができます。

試しに近くにいる何人かの人に、「高そうな飲食店の印刷物って、どんな感じだと思う?」と聞いてみてください。きっと、その回答は似たり寄ったりになると思います。

私たちには、生活の中で擦《す》り込まれた「高そうな会社やお店はこんな感じ」というイメージがあるのです。だとしたら、それを自社の「安売りをしないためのリブランディング」に利用していかない手はありません。**もしかすると、それだけで値引きを求められるケースが減ってくるかもしれません。**

「好きだから……」を理由に、会社の色づかいやロゴを決めない。「こう思われたいから、こうする」と、あくまで相手軸で決めていく。

この場合であれば、「ちょっと高そうと思われる」、そんな感じを目指したいですね。

10 「面」ではなく「点」で展開できるか?

一昔前まで、スポーツ用品は、憧れのプレイヤーの使用しているモデルを買うのが一般的でした。

しかし、今は極めて〝パーソナル〟な時代です。自分が主役!　どんな商品でも〝自分仕様〟が当たり前になってきています。プロじゃなくても、ショップで簡単にシューズやグッズを好きな色のコンビネーションでつくり、自分の名前を刻印することができるのです。米国・カナダ内のサービスでは、なんとチョコレートの「エムアンドエムズ」も、好きな色の粒だけを選んで、ネットで購入することができるくらいです（表面にも16文字まで自由に文字入れできます！）。

日本でパーソナライゼーションやカスタマイゼーションといえば、**今日現在ではメーカー直営のショップやネット販売で、個別のお客さまのオーダーを受けるというスタイルが多いですが、この分野は小まわりが利く小さな会社により活躍してもらいたいと私は思っています。**

たとえば、東京・目黒に、「Spool＋Sフォトグラフィー」という写真スタジオがあります。オシャレな家族の写真や、経営者の宣材写真、友人や仕事仲間との楽しい写真を撮る写真館ですが、従来型のスタジオとは異なり、そのサービスはかなりパーソナルです。事前に、使用目的や与えたい印象などを入念にヒアリング。撮影時の服装や小物をスタイリストが一緒に考えていきます。スタジオに入っても、ヘアメイクからポージングまでプロフェッショナルがケアします。その価格は決して安くはありませんが、「写真が良いのはもちろん、自分に自信がつく」と、その効果はセラピー並み。今では紹介者やリピーターでいっぱいです。

「面」ではなく、「点」で展開する。そして、「手間」をかける。遠まわりのようですが、大切なポイントです。

11 「場所」や「時代」を上手にいかす

奈良で約三〇〇年前から続く、麻を中心とした和雑貨の会社「中川政七商店」。13代目にあたる中川淳さんのリーダーシップとリブランディングによって近年急成長を遂げたそのストーリーは、『奈良の小さな会社が表参道ヒルズに店を出すまでの道のり。』(日経BP社)という一冊の本にまとまっているくらいです。

奈良や京都といえば、誰もが強い「和のイメージ」を思い浮かべます。

そこを拠点にして長年続く会社には、当然ものすごい価値を感じます。「中川政七商店」の成功にはたくさんの理由がありますが、その「場所」や「時代」といった部分も、ここでは間違いなくプラスに作用しています。


人は、土地に対して何かしらのイメージを持っています。

たとえば、ネーミングのどこかに「北海道」と入っている乳製品は、広大な草原や酪農のイメージも手伝って、何だかより美味しそうに感じます。

「銀座」とつけば、格式が高く感じられます。

そのパッケージに歴史を表す「年数」が入っていたら、なおさら「すごいね!」となります。

三重県亀山市の工場で製造されたテレビを、シャープ社は「亀山モデル」と呼んでいました。若い世代のビジネスパーソンに人気の「メーカーズシャツ鎌倉」は、日本製であることを前面にいかして品質をアピールし、セールスを展開しています。

カレーうどんの専門店である「古奈屋」は、全国に店舗を構えるようになった今でも、〝おばあちゃんの原宿〟として知られる東京・巣鴨の地名をロゴや看板に入れていて、なんだかあたたかい気持ちになります。さらに細かいところでは、揚げたお菓子で有名な目黒の「御門屋」。ここはロゴの横に〝目黒地蔵通り〟と、道の名前を記しています。

「アップル」の商品は中国でつくられたものでも、単に「MADE IN CHINA」とせず、「Designed by Apple in California Assembled in China（カリフォルニアの「アップル」でデザインされ、中国で組み立てられた）」と、表現に工夫をしています。

「場所」や「時代」を上手にいかすのは、会社や商品の価値を上げるための、ひとつの手段になり得ます。

12 プラスαの情報をつける

大阪に「ピーカーブー」という犬の保育園があります。人間の保育園と内容は同じで、朝に預かり、また夕方に飼い主さんの元に戻す。送迎のバスもあり、至れり尽くせり。日中はワンちゃんにとって〝学び〟の時間で、アクティビティを通じて心技体での成長を目指します。

特筆すべきは各ワンちゃんには連絡帳（保育ノート）があり、スタッフが毎回きめ細かく報告やアドバイスを飼い主さんに対して綴っていること。そのワンちゃんと飼い主という〝利用者〟だけに向けたコメントは大きな価値で、大変喜ばれています。

犬に関する情報は、もちろんネットを検索すればいくらでも出てきます。でも、何よりもスタッフたちが一生懸命になって、「ワンちゃんと飼い主さんの生活を、よりリッチなものにしていくことに貢献しよう」と考えている姿が目に浮かぶことが嬉しいのです。

オマケや値引きをする前に「情報をギブする」も、アイデアとして悪くありません。

もちろん、どんな情報でもネットですぐに手に入る時代。商品スペックや商品にまつわるストーリー、他店での売価などに関しては、お客さまの方がよっぽど知っているなんてことは、今ではざらです。だから、ただ誰でも知り得る情報をニュースレターやメルマガにして右から左へとお客さまに渡しても、あまり喜ばれません。

もっと会社としての想いや人柄が伝わるような〝情報のギブ〟がいいと思います。それにより**「大切にされている」と感じられれば、お客さまはそれだけでも嬉しくなります。**

印刷物を納めているデザイン会社や印刷所であれば、「その一枚の費用対効果を上げるためには、どうすればいいのか？」の情報を納品時に一緒にギブする。

健康食品を販売しているお店であれば、他の商品の宣伝をするのではなく、「どうしたら目移りせず、ひとつの商品を続けていけるか」の情報をニュースレターやハガキにする。

業態によっては難しいかもしれませんが、情報と想いが同時に伝わり、**「売りっぱなしではない」と感じてもらえれば最高**です。

私がよく足を運ぶイタリア料理店は、スタッフがみんな博識で、「イタリア人が、実際にどんな食べ方で楽しんでいるか」といった情報をサーブ時に教えてくれます。そのおかげで食事をより楽しめるのはもちろんのこと、「勉強しているなぁ」と、いつも感心。ますますファンになります。

13

ラスト10%のツメにこだわる

大阪を拠点に急成長中の食品商社で、「トレジャーアイランド」という会社があります。「世界から〝エエもん〟見つけてくるカイシャ」というコーポレートメッセージを掲げ、単に卸すだけではなく、日本の小売店の現場で、それこそ自社商品のプレゼンテーションも手掛けます。

社長である長瀬二郎さんにはユニークな口癖がいくつかあるのですが、そのひとつに「お前のコダワリそこまでか!?」というものがあります。これはパッケージやディスプレイなどを含めたプレゼンテーションに対して、「ツメたつもりでも、もうあと一歩ツメられるはず!」と、スタッフを奮起させる愛のメッセージです。

「ラスト10%のツメ」

これができるか否かが、安売りをしない会社になれるかどうかのボーダーラインです。

安売りをしない会社は、十人に一人しか気がつかないようなことにも、いつも一生懸命です。これは、会社の「美意識」のようなものです。しかも、それを無理矢理「うーん……」と唸って捻り出しているわけではなく、ピュアな心で「もっとお客さまに喜んでもらいたい」とやっている会社が多いというのが、私の感触です。

14 「値下げをしない会社」と決めきる

お金のセンスや考え方は、生まれ育った環境が大きく影響します。幼いころから気前よくまわりの人にプレゼントやごちそうをする親を見ながら育った子どもは、大人になっても同じように振る舞うことが多いものです。

それと同様に、「価格を下げずに、価値を上げていく」という発想ができるか否かには、少なからず「はじめての会社」「はじめてのボス」が影響しています。

安易に値引きをして売る会社や上司の下で経験を積んできたスタッフは、その後もそうしていく傾向があります。


会社は、いろんな経験を持ったメンバーが集まる場所です。だから**安売りをしない会社を目指すならとても基本的なことですが、まずは「自分たちは値下げをしない会社」と決めきることが大切です。**

事実、「値下げしないでも喜んでもらえるアイデアを考えます」と、遊び心のある宣言書をスタッフに書いてもらう会社もありますし、「値決めで迷ったら、必ずより高い方を選択すること。それでも喜んでもらえる方法を考えること」というルールを掲げているところもあります。

この書籍の最後にも、すぐに使っていただけるような簡単な宣言書を用意しました。

「値下げをせずに、価値を上げる」がテーマの本書。冗談のような話かもしれません。でも、読後に取り組むべき最初のアクションは、それを使って、もしくはそれに近いものをつくり、会社として値決めのベクトルをスタッフ全員で合わせていくことかもしれません。

さて、この後は、さらに具体的に、安売りをしない会社が、普段からどんな努力をしているかについて、一緒に見ていきましょう！

CHAPTER

4

「スタイル」のある会社になる

小学生だったときの
担任の先生と食事をしました。
私のクラスを最後に定年退職されたので、
もう引退されて二十年が経ちます。
長い教員のキャリアで、一体どんな生徒が
印象に残るものなのでしょうか？
その回答は、ビジネスの世界と同じでした。
話題になるのは、いつだって
「スタイルを持っている人や会社」です。

STYLE

01

「見た目のテーマ」を決める

スーパーマーケットのお豆腐売り場で一際目立つその体裁は、すべて男くさいツッパリ風。切り絵をベースにした力強いデザインやパッケージ、ツッコミどころ満載のネーミングや、その背景にあるストーリーで大人気の「男前豆腐店」は、その独特な世界観で圧倒的な支持を得ています。

もちろん、クオリティも一級品。お豆腐としては比較的割高ですが、「新商品は、いつごろ？　どんな感じ？」と、その動向を気にするファンが大勢いるほど、スタイルで指名買いされる豆腐メーカーです。

B to B、B to Cにかかわらず、安売りをしない小さな会社が、ユニークなスタイルの持ち主であるケースは多いものです。

価格を超えて、「そのスタイルが好きだから」と、きっと人を惹きつけるのでしょう。もちろん、面白おかしいだけではなく、「社会に、こう役立ちたい」というビジョンやミッションもないと、中長期にわたって人から応援されないので、そこは両輪が必要なのですが、情報過多な世の中だからこそ、ビジュアル面でも目立つことは大切です。

ちなみに男前豆腐店には、「世界中の豆を固めてみたい」と海外進出も含めた壮大な夢があり、デザイン面のみならず、そこが深みとなって、全国にファンが生まれています。

ここでいう会社の「スタイル」は、会社のビジュアルを統一する「体裁のテーマ」を指します。

もちろん、お店にあてはめて考えてもらってもかまいません。飲食店やヘアサロンなど、何店舗も経営されている会社はそのひとつずつのお店にテーマが必要かもしれませんし、また本社自体にも何かしらのテーマがあった方がいいかもしれません。

体裁のテーマが決まったら、徹底して合わせた各種印刷物、販促物、ユニフォーム等をデザインし、また備品・什器・小物、BGM、できれば香りも、その世界観の表現になるように揃えます。**オフィス、バックオフィスも徹底して世界観をつくった方が、スタッフがよりスタイルの良き表現者として機能してくれるようになります。**このスタイルづくりを中途半端にしないことが、キラリと光る小さな会社になるためには大切です。

国、都市、時代、場所、好きな映画……会社の体裁のテーマは何でもかまいません。何でも会社のテーマになり得ます。たとえば、茨城県にある調剤薬局「やまぐち薬局」のテーマは、映画『ALWAYS 三丁目の夕日』です。

備品、印刷物、雰囲気、色合い、そのすべてが昭和レトロな感じになっています。商品棚のPOP立てまで、プラスチックや鉄製ではなく、すべて木製になっています。

私の会社も、コンサルティング会社でありながら「牧場」という体裁のテーマを持っています。

オフィスで使う家具も備品も草原を彷彿《ほうふつ》とさせる若い緑を基調とし、印刷物には牛などの草食動物が遊び心あるアイコンとして入っています。オフィスの中も、まるで映画で観るような、古き良きアメリカの農家のリビングルームです。

会社のテーマを決める上で、まず考えるべきはポジショニングです。すでに地域や業界で、同じ世界観を持った会社があれば、それは避けたいところです。

また、「他社にはない体裁」と、「お客さまがワクワクするか?」とのバランスが大切なので、あまりにも「社長が好きだから」に走り過ぎるのも考えものです。この会社のスタイルや体裁のテーマを、私は会社の「アート軸」と呼んでいます。

02
OKとNGのルールを共有する

成り行きに任せていたら、会社のスタイルの完成には大変な時間がかかります。ですので、テーマを決めたら徹底的にそのスタイルに関するルールをつくり、それを組織全体で守っていきながら「スタイルを一日も早く構築する」というのが、おすすめです。

岡山県にデイケアから医療・看取りまでのシルバー向け総合サービスを行う「アール・ケア」という業界から注目を集める会社があります。

ここの全体的なテーマは「ヨットハーバーなどのマリンの世界」となっています。でも、そのコンセプトが「面白いね！」と会議室で盛り上がっても、実際にこのテーマを店舗で表現していく上では、様々な困難が生じてきます。関わるメンバーの頭の中になんとなくのイメージはあっても、微妙に思い描いている体裁が違うからです。

ここでルールの登場です。

といっても、そんなに堅苦しいものではありません。単にA3以上の大きさの無地の紙を用意し、今回決めたテーマのスクラップブックを大雑把でいいのでつくっていけば、それでオーケーです。

いらなくなった雑誌を切り抜いたり、フリーペーパーをリユースしたり、ネットで画像検索をしてプリントアウトしたり……とにかく「これでもか!」というくらいに、テーマに合ったイメージがあったら、人でも、服でも、モノでも、風景やインテリアでも、その紙の上にコラージュ風に貼っていきます。

そしてメンバー間で「こんな感じの椅子……」「こんな感じのユニフォーム

……」と、イメージの共有をしていきます。

最初は、どんなにスモールステップでもかまいません。更新しながら、イメージを完璧に近づけていければ、それで十分です。

こうすることで、格段と関わるメンバーのベクトルが合うようになり、プロジェクトは前進します。

誰に備品の買い足しや印刷物の発注を頼んでも、大幅にスタイルから外れたようなものは出てこなくなります。これだけでもリーダーのストレスは軽減されます。軸ができたことにより、接客や企画のアイデアも、スタッフが出しやすくなります。

実際に、こうしてブランディングされたアール・ケアは、その世界観に惹かれて入社を希望する人が多く、またご利用者さまからもご家族からも、その爽やかさが喜ばれています。

“OKとNGのライン”

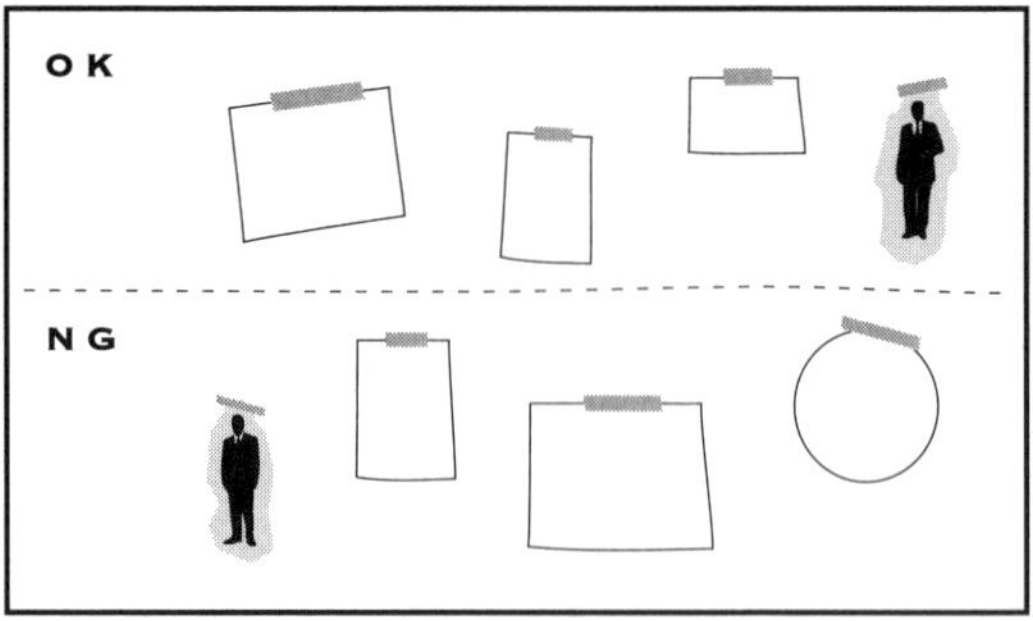

他にも〝ポスター〟という形でカジュアルなルールを、私はよく仕事の現場でつくります。やり方は簡単です。A3以上の大きなサイズの模造紙をバックオフィスに貼り、その真ん中に紙を二分する感じで横線をペンで引きます。そして、上の半分に「OK」、下の半分には「NG」と書きます。

これが、この会社やお店の「OK」と「NG」のラインです。このフォーマットを使って、「OKなこと」「NGなこと」をシーン別で決めておけば、会社のスタイルづくりは楽になります。

たとえば、スタッフのファッションに関する「OKなこと」「NGなこと」を前出のスクラップブックをつくるような感じで写真を切り貼りし、あらかじめラインを決めておく。同じように、店内やバックオフィスに用いてもいい柄、備品、素材に関しても、それぞれの「OK」と「NG」をこの方法で決めていくと、さらに研ぎ澄まされた会社になることができます。

このOKとNGを示すポスターは、先ほどのスクラップブックの詳細版みたいなものですが、これもラスト10%のツメ。ディテールが大切です。

03

「らしさ」のリストをつくる

ルールの話題に触れたところで、それに関連して、「らしさ」のリストという話をしたいと思います。

スタイルを持っている会社は、言い換えれば「らしさ」を持っている会社です。**「ただ商売をしている」ではなく、「らしさ」があるからファンが生まれるのです。**お客さま以上のファンがいてくれれば、互いに敬意を払いながらのビジネスが可能になるので、必然的に値引きや価格交渉が減ってきます。

「個性」や「らしさ」なんて、うちの業界には……そう思われる方もいるかもしれません。でも、不動産業にしても「東京R不動産」には「らしさ」がありま す。だからその存在が業界で際立っているし、ファンやリピーターが実に多いのです。

「OKとNGの境界線」をつくったら、次に着手すべきは「らしさ」のリストづくりです。

これは、私が実際にコンサルティングの現場で行っていることで、会社として発信する印刷物や、主催するイベントやセミナー、店舗のつくり方など、ビジネスの各側面で、あらかじめ「うちの会社らしさ」を箇条書きでリスト化しよう、というものです。

この「らしさ」のリストは、チェックリストのように使います。**私がプロジェクトを離れても、その後その会社のスタッフが滞りなく会社のスタイルを維持できるように、と用意しているものです。**

「らしさ」のリストは、別名「らしさ10カ条」と呼ばれ、それぞれの側面別で、

10個の「これが欠けていたら、うちらしくない」という項目をリスト化しています。

何かにゴーサインを出す際は、スタッフがそのリストを片手に、「らしさ」が発揮できているかをチェックします。大抵の場合、その10項目中、7つ以上をクリアしていれば問題ないというルールを設けています。ですので、たとえばこれが自社の印刷物にまつわる「らしさ」のリストであれば、7項目クリアで、それを印刷にまわします。

つくり方は簡単です。仕事の各側面で「うちの会社らしさとは?」を考え、それを箇条書きにするだけです。

マストではありませんが、各項目の語尾が、「～であること」という書き方が適当です。すべての項目が、英語でいえば「should be ……」「must be ……」であるといいかもしれません。

レインボーブリッジのふもとに、電気のコンシェルジュを目指す「電巧社」という電気の専門商社があります。お客さま向けだけでなく社員やその家族、協力会社を招いての催しを盛んに行うエネルギッシュな文化の持ち主ですが、それらのイベントには一貫性があります。

まずコーポレートカラーである赤で会場が演出されていること。これはドレスコードにも反映され、イベント当日の最寄りの駅は〝赤い人〟でいっぱいになります。

用意される食事にも赤は反映され「電巧社レッドで彩られたナポリタン」や「マグロとイクラだけの寿司」など、至るところに〝らしさ〟が全開。何度か同社のイベントに足を運ぶ人は、よりその一貫性のようなものを感じられるはずです。

が、適当にイベントをプランして、偶然に一貫性が生まれているわけではありません。スタッフが「電巧社のイベントの〝らしさ〟のリスト」を手に、入念な準備を進めるからこそ、流すBGMに至るまで、文字通りカラーが統一されているのです。

だからこそ、この会社のイベントは単なる会社のイベントにもかかわらずメディアに取り上げられます。

世界中に熱烈なファンを持ち、スノーボードのショーン・ホワイト選手やハンナ・テッター選手をサポートしていることでも有名な「バートン」では、広告やイベントなどを考えるときに、必ず「これって『バートン』らしいかな？」という確認を、スタッフで行うそうです。

「らしさ」のリストが完全に浸透したら、きっと最後はこんな風になっていくはずです。

04

誤植や時代遅れの表記に気をつける

商品、接客、価格、広告、ホームページ、経営者のメッセージ……世間が「会社の印象」を感じるポイントは、たくさんあります。「ラスト10％のツメ」というフレーズを先ほど紹介しましたが、それを大いに発揮すべきところのひとつに会社の印刷物があります。**受け手は会社の印刷物の細かなところからも、何かしらの印象を得ているものです。**

たとえば、「先進的であること」を大切にしている会社があったとします。

でも、その会社の印刷物には、繰り返し「ネーティブ」と書いてありました。

通常は「ネイティブ」と伸ばさない表記が一般的ですが、そこが「ネーティブ」となっていると、見る人が見たら、「本当に、ここは先進的なのかな?」と思わずにはいられません。この類でいえば、他にも時代と共に変化したカタカナ表記は多数あります。常にアンテナを立てながら生活をしていないと、誰もがこのようなことになりかねません。「クリエーター」と「クリエイター」も、そんな一例です。

他にも民族や病気の名前、歴史上の出来事などの表現方法は日々変わっているので、普段からの勉強が必要不可欠です。

どんなにスタイリッシュな会社でも、そのビジョンに対する矛盾が見つかると、ファンはがっかりしてしまいます。

ビジョンへの矛盾は、「何が印刷されているか?」だけではなく、「何に印刷されているか?」にも見受けられるときがあります。

「エコを大切にしている……」と知られている会社の印刷物が、立派にコーティングされたテカテカの紙だったら、ちょっと違和感があります。紙の選択、紙の質感へのこだわりも、一貫した会社を目指す上で、しっかりと習慣化したいところです。これも会社のスタイルを織り成す大事な一部分です。

ある都内の飲食店で、「STUFF募集中」という貼り紙を見ました。もちろん、人材を求めていることは容易にわかりますが、それなら正確には「STAFF募集中」となります。「STUFF」は「モノ」という意味ですから、これでは家からいらないものが集まってくる可能性もあります（笑）。

英語表記のスペルミスは、日本の会社に実に多く見られます。

「たかが、スペルミス」ですが、それを見たときに人は会社に対して「プロフェッショナリズムの欠落」のようなものを感じ、もっといえば「他のことも手を抜いているのでは？」と疑いが生まれることもゼロではないはずです。

スペルをインターネットで調べるのに要する時間はわずか数分です。ぜひそこはエネルギーを惜しまずに、しっかり確認したいですね。

05

読後感を大切にした「文章」にこだわる

〝小さな会社のブランド戦略〟という概念が当たり前のものとなり、それに伴い、小さな会社のデザイン力も、以前とは比較にならないほどレベルが上がりました。

このままの調子で世の中のスタンダードが高まっていくと、今度はロゴや印刷物がオシャレな会社ばかりになり、ビジュアル面が優れていることでの差別化を図るのは、だんだん大変になってくるかもしれません。事実、ヘアサロン業界を含め、そんな業界や地域も出てきています。

これまでは「クリエイターと企業のコンビによるブランディング」が一般的で

したが、今後私は**「作家と企業が一緒になって行うブランディング」**も、そのケースの数を増やしていくと考えています。これは、デザインだけではなく、そこに心を揺さぶるような文章もプラスしてのブランディングです。デザインをよりいかすためにもありきたりな文章ではなく、より印象的な文章が必要です。

そんな背景もあり、私は先ほどの「アート軸」の他に会社として発信する文章にも一定のスタイルを構築するため、「文章軸」というものを仕事の現場でつくっています。


といっても、お伝えする新しいアイデアは、ここには何もありません。

これも前出の「OKライン」「NGライン」のフォーマットを使って、まずは大まかな文章に関するルールを決めていけばいいだけのことです。

ただし、今回は写真を切り貼りするのではなく、ペンでキーワードを書きこんでいきます。この場合の「OKワード」は、会社として積極的に使っていくべきボキャブラリ。

「NGワード」は、絶対に使ってはいけないボキャブラリとなります。

注意したいのは、「OKワード」が、競合他社も使っているようなものばかりではないようにすることです。他社も使っている言葉を積極的に発信していっても、受け手に「あそこは、ちょっと違うよね」と言われるようにはなりません。

明らかに癒し系の仕事をしていながら積極的に「癒し」という言葉を使っても、それは競合も同様にしていることです。

書き出しにくかったら、「NGワード」から始めると、すんなりペンが走るはずです。

これが完成したら、スタッフ全員で共有。会社としてのチラシ、ブログ、ツイッター、ホームページで発信する際は、それに基づき文章を作成するように徹底します。

ここをどんなにツメたとしても、無料のブログサービスを使って情報発信をしてしまうと、会社として意図しない広告が入ってしまい、折角の世界観も台無しです。多少コストをかけてでも、ここはしっかりとデザインをしたブログでいきたいですね。

さらに、この機会に、チラシや文書をつくる際、会社が積極的に使うべき「OKフォント」と、スタイルにマッチしない「NGフォント」も、この境界線フォーマットを使ってルール化しておくことも、おすすめします。

あとは、「らしさ」のリストの印刷物版やホームページ版が、文章にスタイルが生まれるようなフォローの役目を果たせるように設計していけば、なおいいと思います。

大切なのは「読後感」です。

長い、短いにかかわらず、あなたの会社の文章を読んだ後に、受け手が感じるフィーリング。それが読後感です。**読後感が毎回異なるのではなく、いつでも一**

柏屋
耳かきで「日本人で良かった〜」
みみかき 525円
温泉旅館の醍醐味は耳かき。
いつもより念入りできるんです！
KASHIWAYA
たなか よしみ

定であれば最高です。

そのためには、その読後感を意識した〝ひとつのキーワード〟を設定することです。そこをスタッフ全員で共有すれば、会社の文章は誰が書いても、より研ぎ澄まされたものになっていくはずです。

群馬県の四万温泉にある「柏屋旅館」は、売店のＰＯＰにまで文章軸が浸透しています。受け手に届けたい読後感は、「なかよし」です。

売店にあるすべての商品にＰＯＰが付

いているのですが、どの文章を読んでも、「人との絆」や「仲がいいって、いいな」と、ちょっとほっこりする感じになっています。

文章そのものが、直接的にそう表記しているわけではありませんが、メタファーで、もしくはイラストの力も借りて、そう感じてもらえるように工夫しています。

ちなみに、「たなか よしみ」という、これを書いたことになっているスタッフは、実際には存在しません。「たなかよしみさん」から「なかよし」を感じてもらうための、ちょっとした言葉あそびになっています。

06 「出るメディア」「組む会社」は慎重に選ぶ

小さな会社がプレスリリースを発行し、積極的にメディアへアプローチをしているケースは、そんなに多くありません。

友人・知人の紹介、またはメディアからの連絡を待って、はじめて取材を受ける・記事になるという場合が、ほとんどだと思います。

それゆえに、「出してくれるなら、ありがたい」と、どんな媒体にも登場してしまう……そんな話をよく耳にします。

でも、スタイルのある会社を目指すなら、登場するメディアも自分たちのイメージを大事に、しっかり選択していくことが大切です。自分たちの会社や商品の

「イメージに合うか?」「価値は上がるか?」。これにより「お客さまやチームに迷惑がかからないか?」、冷静になって様々な角度から考えると、今まで思ってもみなかったリスクが浮かんでくるかもしれません。

「売れないのは、知られていないから」という話と矛盾を感じるかもしれませんが、短期的なビジネスの成功と中長期的なビジネスの成功は異なります。**むやみにメディアに出まくって自らブームをつくれば、また他のブームによって消し去られることも多々あります。**

しっかりとブランドを築き、中長期的に愛されるビジネスを実現したいならば、とことん考え、一緒に歩むメディアや流通を選んでいくことも必要です。

海外から輸入されたある加工食品は、日本上陸当初、そのイメージづくりのために、一定期間は日本で発行されている〝外資系の女性ファッション誌〟のみで商品の紹介をすることにしました。

食品ではなくファッションアイテムとしての地位を、高い位置で確立したかったからです。そこから順に、日本のファッション誌、次に一般情報誌と、時系列でその商品の紹介記事を掲載してもらいました。

ともすれば一時期のブームで終わってしまう可能性もあった商品でしたが、しっかりとプランされたイメージづくりによって今でも末永くリピートされる商品となっています。

快適な履き心地、カラフルさと独特のフォルム、ジビッツと呼ばれる小物で自分だけのものができるシューズとして老若男女に大人気の「クロックス」。

この「クロックス」もイメージづくりや価格競争を避けるために、あえて流通を絞った経緯があります。

フットウェアメーカーであれば、その卸し先に靴の量販店が入ってもいいようなものですが、「クロックス」は直営店での販売やオシャレなイメージがあるセレクトショップでの販売にこだわったのです。

結果、今では、ただのブランド以上のすっかり日本人の生活に溶け込んだ「ライフスタイルブランド」に成長しています。

短期的には報われないことも多い、この〝絞り込む〟という発想ですが、中長期的な成功を考えるならば、これも一案です。信念を持って取り組めば、会社やお店の確固たるスタイルが生まれるはずです。

CHAPTER

5

会社自体のファンを増やす

商品、サービス、コーポレート……

「ブランド」という言葉は、

いずれとも組み合わせられますが、

会社やお店自体がブランドになることが、

スピーディな今の世の中では

特に大切です。

新商品投入のたびにゼロから

顧客をつくるのではなく、

会社の次の展開を楽しみにしてくれる

ファンが市場にいる。

会社として、これはとても幸せな状態です。

FANS

01

必要なのは「つかみ」ではなく「深み」

「探してみたけど、そんなサービスをしている会社やお店はなかったから、自分でつくっちゃった」

こんな誕生秘話を持つ起業家は、少なくとも私のまわりでは多くが成功を収めています。

その事業が成り立ったということは、同じような不便・不満・不安を持っていた人が、世の中にはたくさんいたということになります。もしかしたら、事業のアイデア自体は、他の誰かも持っていたかもしれない。

でも、数々の困難を乗り越え、リスクを受け入れ、実際に形にした、そんな起業家たちは、実に偉大です。

会社勤めをしていたころ、クリーニング店を利用したくても営業時間にマッチせず、いつもシャツに困っていた坂田知裕さん。「勤めている人が時間を気にせず、電話一本で来てくれるクリーニング屋があったらいいのに……」と、自ら起業。

こうして生まれた宅配クリーニングの「ラクーンデリバリー」は、福岡に住む人で知らない人はいないというほど、今では地域に根差したブランドになっています（これは単行本刊行時の話で、現在はさらに成長し全国区にサービスが広がっています）。

はじめは商品やサービスを通じて会社を知る人が多いと思います。

でも、その商品・サービスが気に入ったら、そのお客さまは次に会社自体のことが知りたくなってきます。このステージを経て、お客さまはお客さま以上のファンになっていきます。

もちろん、会社のことを先にどこかで知っていて「今度利用してみよう」というケースもあると思いますが、どちらにせよ**何を信じていいのかわからない不信感たっぷりの時代に、「会社について、もっと知りたい」というニーズが少なからずお客さまの中にあることは事実です。**

となると、売り手は商品やサービスが生まれた秘話や会社として何を成し遂げたいのかを、もっと発信すべきなのかもしれません。たしかに**ホームページのアクセス解析を行っても、「会社情報」は意外と見られていますね。**

経営者とコーヒーを飲みながら話す機会が多い私は、よくこんなディスカッションをします。

「この事業自体がヒーローものの映画だとしたら、誰と誰と誰を救うの？　どうやって救うの？　どうして、あなたが主人公にふさわしいの？」

リラックスした雰囲気の中でこんな話をすると、誰が聞いても「心からの言葉だな」とわかる、すてきなストーリーがいっぱい出てきます。

「私は、自分の事業が本気で、MADE IN JAPAN の復活につながると思っています。だから……」

「僕は、人生をかけて、この業界に従事する人たちの社会的地位を上げてあげたいんです。だから……」

「だから……」の先は、自分の事業がどうやってそれに貢献するかにつながります。大それたこと? そんなことは全くありません。これで、いいのです。

こういうストーリーがあってはじめて人は、その会社を「応援しよう」と心に決めるのです。

会議室では、インパクトやアイキャッチーなことが大事ということで、よく

「つかみ」という言葉が出てきます。

でも、**会社自体を、その地域・業界にファンがいっぱいのブランドにしていきたかったら、同時に「深み」も必要です。**

「どうして私たちの会社は存在しているのか?」。そんな想いを250文字以下のショートストーリーにして、チラシや封筒、名刺など、会社の印刷物などに必ず印字していく。

これだけでも、小さな会社のブランド化に向けての、大きな一歩になります。

02

安定した品質はリピートの絶対条件

小さくてもファンがいっぱいの地域・業界のブランド会社、もしくはお店になるためには、「本気度」というスパイスが欠かせません。

先ほどのショートストーリーも、ありきたりな言葉でつくって印字しただけでは、効果が見込めません。

そこに書かれたことに対して、**「どのくらい本気でそう考えているか」「どのくらい実際にアクションしているか」の度合いと、会社の広がりには相関性があり、それは明らかに比例しています。**

会社のショートストーリーをスタッフ全員で共有し、それを会社全体の具体的なアクションに変換していくことは、決して簡単な仕事ではありません。これはリーダーの経験がある人なら容易に想像できると思います。

そこでおすすめしたいのが「ブランドプロミス」です。「ブランドとは約束のこと」という定義があるくらい、約束はブランディングの世界ではキーワードになっています。誰との約束？　**売り手が、顧客との間に交わしている約束です。**

たとえば、世界的なチェーンになっているようなファストフード店を思い浮かべてください。

お店のどこにも「私たちのお約束」とは書いてはいませんが、大体このくらいの価格で、このくらいのクオリティで、このくらいのレベルの応対で、どこで食べてもそのサービスに差はない……と、私たちは過去の利用体験から知っています。

言い換えれば、売り手が「いつ、どこでも、その価値を提供する」という約束を、買い手であるお客さまにしている結果です。その安定感があるから、私たちは安心してリピーターになれるのです。

この約束事は、「ブランドプロミス」と呼ばれています。ブランド会社として、お客さまとの約束を明確にする。その約束を日々果たしているからブランドとして認められる。こんな循環になっています。

最近は、小さな会社やお店が、自分たちのブランドプロミスを箇条書きの形で記し、それをお客さまに向けて公開するという動きが国内外で出てきています。「私たちの3つのお約束」と、マンガ喫茶のレジ横にもポスターになって貼られているくらいです。

岩手県にある、「ふるさとタクシー」という会社も、「安心・快適4カ条」という名前で約束事を掲げ、乗客の座るところに貼られています。「これらを乗務員が怠ったら、すぐに会社にお電話ください。代金はすべてお返しします」という徹底ぶりです。この本気度が「ふるさとタクシー」のファンを全国に生む要因になっています。

小さな会社が「ブランドプロミスをつくり、公表する」には、いくつかのメリットがあります。

まず、前出のショートストーリーを細分化するような形で、上手にブランドプロミスとして箇条書きで書き直すことができれば、会社としての有言実行がスムーズに促せます。**ブランドプロミスはショートストーリーと異なり、会社の約束事だけに「言ってみただけ」では許されなくなってきます。**

ということは、公表した以上、今現在できていないことも、何としてでもできるようにならなくてはいけません。

そう考えると、**ブランドプロミスの公表は、スタッフレベルの向上にもつながります。**

ブランドプロミスの行間に、**「自分たちが他社といかに違うのか」**が垣間見えるようならば上出来です。

そこが購買意思決定のポイントとなり、ちょっとくらい高くても価値で選ばれる会社になれるかもしれません。

ブランドプロミスもまた、会社としての価値を伝える作業。積極的に公表し、お客さまに見てもらえるような仕掛けをしていかないといけませんね。

03

会社の伝説、社長の伝説が口コミを生む

自分たちがつくったショートストーリーやブランドプロミスを、「社会や業界からの任されごと」と半ば勝手にそう捉え、愚直なまでにそれらに向かって会社が前進を始めると、次第に伝説が生まれてくるようになります。

不断の努力から生まれる会社の伝説、社長の伝説、スタッフの伝説……ひょんなことから、それが人から人に伝わると、受け手の中で急にその会社が気になる存在になったり、「贔屓にしたいね」となったり。**会社のハートウォーミングな伝説や、リスペクトに値する武勇伝は、ときに100回広告を出すよりファンづくりに貢献してくれます。**

よくハリウッド映画が日本で公開される前、主演の女優さんが、「役づくりのために、撮影前の3カ月間ずっと○○していた」という武勇伝がインタビューなどを通じて私たちに伝わってきますね。

すると「すごい！　なんてプロフェッショナルなんだ」と、それまでもコマーシャルや街角のポスターでその映画のことは知っていたはずだけど、俄然《がぜん》気になるようになり、まだ観てもいないのに、「ねえねえ、知ってる？　あの映画って……」と、人へ伝えてしまっている自分がいる、そんな経験ありませんか？　その会社バージョンが、ここでいう会社の伝説です。

たとえば、以前カレー専門店として有名な「ＣｏＣｏ壱番屋」の本部が、加盟するフランチャイズ店のオーナーたちに、「夫婦で経営にあたること」をすすめているという話を聞きました。

これには、もちろん「その方が人件費を抑えられるから」という側面もあるのですが、それよりも、もともと「ＣｏＣｏ壱番屋」は、仲の良いご夫婦によって愛知でスタートしたカレー屋さん。ずっと二人で仲良くやってきたように、フランチャイズ店のオーナーたちにも、いつまでも夫婦仲良く二人三脚でやっていってほしいという想いも込められていると聞きました。もともと私自身もヘビーユーザーですが、この話を聞いて、「さすが、ココイチ！」と、もっとファンになりました。

「人生が変わる1分間の深イイ話」というテレビ番組があります。芸能人やプロアスリートなどの著名人、また会社経営者や会社自体の知られざる「ちょっといい話」を披露《ひろう》し、スタジオのみんなでそれを評価するという主旨の番組です。

私は講演で、よくこう尋ねます。

あなたの会社の「深イイ話」は、なんですか？

あらためてつくる必要なんてありません。先ほどのショートストーリーや、ブランドプロミスを見ながら、それにまつわる「過去にあった、ちょっといい話」

を、スタッフを集めて棚卸ししてみてください。どんな小さなことでも、それらは伝説です。**その伝説を知ったら、あなたの会社をもっと好きになってくれる人が、まわりにいっぱいいいると思います。**

そして、これからも自分たちの使命のようなものを「事業を通じて果たしていこう」と毎日アクションを重ねていったら、意識せずとも自然と、あなたの会社の伝説は生まれてくるはずです。

04

発見されやすくなる「専門家」化

冒頭で、女性専用のタクシー会社の話題を出しました。あの話のポイントは、**「誰かの困りごとを解消すれば、安売りに走らなくてもいい」**ということでした。

その他にも、人は「専門家」やその道の「権威」により高い支払いをすることに、さほど抵抗がありません。

これは、消費者としての自分自身を振り返ってみても、そう言えるのではないかと思います。ならば、ひとつのアイデアとしてもし仮に「何でも得意です。任せてください」というのが自分の会社の印象であれば、**どうにかして事業をひとつずつ切り離し、世間からそれぞれのフィールドの「頼れる専門家」に見てもら**

えるような工夫はできないでしょうか？

「別会社化しよう」ということではありません。事業部ごとにネーミングを付けて、それぞれの世界の「専門家」や「権威」に見えるよう、表現を研ぎ澄ませていくということです。

これは飲食の世界では常識です。

「何でも屋さん」になるのではなく、ひとつの会社の傘下で、異なる屋号やブランド名で、専門店を展開していくという手法です。イタリア料理店、中華料理店、天ぷらのお店……いや最近では、同じ中華料理でも餃子の専門店、麺類の専門店、チャーハンの専門店など、さらに専門店化が進んでいるのが現状です。

このようにフォーカスされた形で事業をブランディングしていくには手間がかかります。また、ある程度の市場規模がないといけないので、ネット戦略と併せて、そこも要検討です。

中途半端にしていたら意味がないので、名刺やホームページも別に組み、世界観もそれぞれの顧客に合わせて変えていくのがいいでしょう。

このフォーカスブランディングの効果は大きく、**ネーミングや世界観が良ければ、それだけでもまず「発見されやすさ」が断然違ってきます。取材対象にもなりやすくなります。**

これだけ情報が飛び交う世の中において、「発見されやすいこと」は、大変なメリットです。そして、先にも述べたように、**「専門家」だからこその料金設定をすることも可能かもしれません。**

盛岡市を拠点とし、岩手県民なら知らない人はいないタカヤという建設会社があります。リフォームや工場建設もタカヤの○○部という名前で行っていましたが、あるときを境に事業部をそれぞれブランド化。あたかも別会社に見えるかのように展開をしていきました。

たとえば、工場建設の事業部は名を「ファクトリア」と変え、別ホームページや別名刺で営業や見本市への出展を行いました。これによって、〝より専門家に見える〟と〝発見されやすさに磨きをかける〟の両方を達成。以来、事業は絶好調。2017年には手掛ける仕事が評価され、グッドデザイン賞を受賞しました。

もうひとつ例を挙げるならタカヤのリフォーム事業。「リフォルコ」と名付け、同様に別ホームページ・別名刺で事業を再出発。生地で有名なフィンランドのマリメッコを連想させる名が示すよう、リフォームのデザインも「北欧風が得意」とあえて絞って展開。これもまたリリース後から人気に火が付きました。その他、事業部を〝ブランド化〟したものはタカヤ社内にたくさんあります。当然ホームページやユニフォームもそれぞれ違うので、その管理に手間はかかります。これまで通り〝総合建設会社〟として「何でもやります」としておいた方がホームページの更新ひとつとっても、ずっと楽だったでしょう。

でも、情報社会でサバイブするなら「得意技がわからない飲食店」よりも、「あれを食べに、あそこに行こう」というタイプの飲食店を目指したいですね。

05

ファンは「売った後」のフォローで生まれる

世の中がヘルシー志向にシフトしたことにより、それまで気にならなかった高カロリーのものを食べてしまった後、ちょっとした罪悪感を覚える人が増えています。

それと同じように、財布のヒモがかたくなった今、何かを衝動買いした後、「本当にこの買い物は正しかっただろうか？」と、しばし冷静になって後悔のようなものを感じる人も増えてきています。

この「ショッピング後の後悔」は、直訳ですが「ポスト・ショッピング・リグレット」と呼ばれ、海外のビジネススクールの授業でも、購買心理の一環として、よく登場します。

どこの会社も「売ること」は、一生懸命考えます。

でも、安売りをしない会社を目指すなら、**「買っていただいた後」のことも同じように、時間とエネルギーをかけて取り組んでいくべきです。**私は、「ブランドとしてのコミュニケーション」として、むしろ「売った後のこと」を普段から重視しているくらいです。

かといって、ここで「お買い上げいただいた方に、サンクスレターを送ろう」では、大して目新しくありません。

お手本にしたいのは、全国にたくさんのファンがいる靴屋さん、「ロイドフットウェア」。私も愛用しているお店です。

「ロイドフットウェア」は、レジ横にも必ず「合わない靴は、お売りしません」と、はっきり書かれたサインが出ているくらい、良い意味で頑固なシューメーカーであり、お店です。

でも、スタッフの人柄はみんな爽やか。高いプロ意識で知識も豊富。何店舗かあるのですが、過去に私が購入したものが何であるか、しっかりデータベースで管理されていて、どの店のどのスタッフと話しても、使用しているモデルを基準に「今回のものは、前回のものに比べ……」と話してくれるのでとてもわかりやすいです。

でも、驚くのはまだ早い。

靴を購入してしばらくすると、私の元に手紙が届きます。それは簡単にいえばアンケートなのですが、従来型の満足度を五段階評価するようなものではなく、こんな風に書かれていました。

「今、あの靴は、家のどこにありますか？　あなたのために毎日活躍していてくれれば嬉しいですが、どこかにしまわれたままだったら、それほど残念なことはありません。どうか、あの靴が、どうしているか教えてください……」

こんな嫁いだ娘を心配するかのようなメッセージに、「本当に靴が大好きで、プライドを持って仕事をしているんだな」と感動せずにはいられませんでした。

普段、私はあまりアンケートを返さないのですが、これには、ちゃんと返信しました（コピーをせずに返信してしまったので、右記のメッセージの文章が正確ではないかもしれません）。

ふと封筒の中を見ると、新品の靴紐が入っていました。私が買ったものに色も長さもマッチする、替えのヒモです。

正直、「他のブランドも試そうかな」と思っていたのですが、そんな自分が恥ずかしくなるくらい、顧客として大切にされていることを感じました。

もちろん、後悔もありません。あったとしても、このようなコミュニケーションをされたら、それも吹っ飛ぶことでしょう。

同じように大切にしてもらえるなら、自信を持って私はたくさんの友人を連れていくことができます。

会社やお店のファンは、売った後にできるものなのかもしれません。

06

未来の顧客をつくっていく

「発見されやすくなる『専門家』化」のところで、小さな会社も「何でも屋ではなく、事業別・サービス別・業態別でブランドをつくる」という提案をしました。あの話には、実は続きがあります。

今度は、**「ひとつの会社の傘の下、価格帯別もしくは世代別で、小さなブランドをつくっていこう」**という提案です。

「ライフタイムバリュー」という考え方があります。

今いるお客さまが年齢的に成長しても、経済的に成長しても、ずっと会社としてお付き合いができるように、商品やサービス、もしくはお店を揃えていこうという発想です。

もちろん、その逆のアイデアでもかまいません。今いるお客さまのお子さまが愛用できるブランドやサービス、廉価《れんか》版のブランドやサービスを揃えて、未来の顧客をつくっていくという発想です。ライフタイムバリューは、言い換えるなら**「一回ではなく、一生での売上を考える」**ということです。

たとえばアパレルの世界では、ひとつのブランドの下により安価で若い世代が手を出しやすいブランドをつくることがよくあります。これを〝セカンドブランド〟と言います。

セカンドどころか「よりカジュアルな」「よりストリート系な」と、核となるブランドのまわりには惑星のようにたくさんのブランドがそれぞれ「らしさ」を保ちながら存在している場合もあります。

でも、こうしておけばもともとのブランドの価格はそのままに、お客さまの成長や状況に合わせて利用してもらえるブランドが揃います。これにより、**より長く一人のお客さまと付き合うことが可能となります。**

大きなホテルグループも、同じような発想でブランドミックスをしています。

この発想は、今やっている事業の価格を上げ下げするのに迷いがある小さな会社にとって、ひとつのヒントになり得ます。

価格別や世代別でブランドを分ける。これも手間がかかることです。

でも、上手にできればお客さまも会社側もハッピーになる可能性を秘めています。

今後も、ライフスタイルや価値観別で、さらにセグメントの細分化が進むことが予想される日本の社会。それに伴い、「みんなのブランド」ではなく、**「ある特定のグループにとってのブランド」が増えることは必至です。**「より細かく」は、避けて通れない道なのかもしれません。

ちなみに、旅行代理店の「HIS」も、「クオリタ」という名で感動や驚きを重視した、より上質な旅のプランを扱う別ブランドを立ち上げました。「HIS」といえば海外旅行を安くしたというイメージでしたが、「クオリタ」は価格が高め。顧客のニーズに合わせてブランドを分けることでどちらも人気を得ています。

また、地域限定ブランドという概念も生まれはじめ、資生堂は「オプレ」や「ウララ」といった中国国内専門のブランドを、すでにスタートしています。これらは本国のブランドとちがい、中国の気候や中国人女性の肌質に合わせて中国で開発・生産し、中国内での高級化粧品シェアでトップランクになっています。あの「エルメス」も、台頭する中国の中間所得層向けに、中国国内専用ブランドとなる「シャン・シャ」を展開。本社のブランドと区別しながら、それぞれの土地で顧客を増やしています。

これからも、この動きは活発化しそうです。

CHAPTER

6

「スタッフ力」こそ会社の底力

スタッフ力。
最後は、やはりここに行き着きます。
でも、グッドニュースです。
規模から考えても、チームビルディングは
小さな会社の方が、
大きな会社に比べて実行しやすいのです。
なので、ここは心底楽しみながら
取り組みましょう。
「大きな会社にできないことは全部やる」
これこそが小さな会社の戦略です。

TEAM

01

「良い会社」とは、スタッフが辞めない会社

意外かもしれませんが、私がプロジェクトの現場で一番はじめに取り組むのは、「スタッフの休憩する場所」の改善です。

半分物置と化してしまっている今のスタッフルームを、最小限のコストで、ありものとアイデアを駆使しながら、より明るく楽しい場所に変えていく。

そこに、私とその会社の経営者は、**「自分たちは、スタッフを大切にしている会社である」**というメッセージを込めています。

この効果は大きく、特に女性スタッフは「これでゆったりランチが食べられる」と喜んでくれます。

でも、私はこれでスタッフ側に迎合しているわけではありません。経営者の方から先に「変わってもらいたい」と願い、まずはここから始めているのです。

客観的に考えれば、これは当たり前のことです。

これからチーム一丸となって、会社を良い方向に変えていくプロジェクトを行うにあたり、まずは**「リーダーの意識が変わった」ということを先に示すのは、リーダーシップの基本です。**

もちろん、それにスタッフが応える形で、その後最高のチームができあがれば申し分ありません。

日本全国で数多くの会社に関わってきましたが、究極的にいえば良い会社とは、やはり「スタッフが辞めない会社」です。

採用時にミスマッチが起こらないくらい、会社側の方向性やスタッフの役割がはっきりしている。人間関係の悩みが少なく、チームみんな仲が良い。全員が「木」ではなく「森」を見ながらの仕事ができているから、一人一人に「自分は組織に役立っている」という感触がある。コミュニケーション力に優れたリーダーが多く、みんなをフェアに評価してくれる。どんなに小さなことでも認めてくれる。

これらはすべて、偶然にまかせて起こることではありません。だから「スタッフが辞めない会社」は、良い会社なのです。

「辞められない環境をつくる」「アイデアいっぱいの楽しい職場をつくる」。このことに時間やエネルギーを費やすことが、どれだけ会社にプラスになるかが見えず、いまだに売上に直接つながることが誰の目にも明白な製造コストや、仕入れのコストしか気にしていない経営者は、良いチームをつくるのに苦労しているケースが少なくありません。

私は逆の発想をします。

「見学者が常に絶えないような仕事場を目指す」。これこそが私がプロジェクトの成功のために現場で掲げる、ひとつのサブゴールです。

プロローグで登場したアウトドアブランドの「パタゴニア」は、自然に優しいだけではなく、社員にも優しいことで有名。「波がある日は社員をサーフィンに行かせるらしい」という話は、ビジネスの世界では多くの人が知っています。

また、今でこそ託児所がある職場は少なくありませんが、「パタゴニア」は、その先駆者のひとつです。その大きな理由は、「せっかくジョインしてもらった優秀なスタッフに、育児が理由で辞めて欲しくない」というものだそうです。

ひとりの優秀なスタッフが辞めたら、次に入ったスタッフが前任者と同じように仕事がこなせるようになるまでに一年はかかるでしょう。

また、募集媒体やら、面接やら、研修やらで、そこに時間もコストもたっぷりかかります。そんなことだったら、「辞めたくない環境」と「楽しい職場」をつくる方がよっぽど良さそうです。

02

「良いスタッフをそろえる」と「値下げしない」はニアリーイコール

ケンカ中のカップルと街ですれ違えば、誰でも即座に、それがわかります。険悪な表情を浮かべているからわかるのではなく、そのカップルが発する空気が尖っているからわかるのです。不思議なもので、それと同じように、会社やお店のスタッフが仲良しか否かも、お客さまなら誰でも、いとも簡単にわかってしまいます。

そして、これこそが顧客満足度を上げる大きなポイントです。本書の冒頭にも書いたように、リピートの理由の多くは、「スタッフの感じが良かったから」。お客さまは、スタッフの気持ち良さ・仲の良さ・楽しそうに働いている姿にもお金を払っているのです（もちろんここでいう「仲が良い」はお客さまの前でも友人同士のようにペチャクチャ喋っているということではありません）。

いつもの支払いも、「そんなにつまらなそうに働いているなら、辞めればいいのに」と思わずにはいられないスタッフがいたら、急に高く感じます。

また、一見テキパキ接客はこなしているのですが、明らかに「心ここにあらず」の状態のスタッフや、笑顔だけど目が笑っていないスタッフにあたると、レジの時間がダメージに変わります。

ある有能なフォトグラファーの話です。腕は最高にいいのですが、いつもサポート役のADを怒鳴り散らしたり、蹴飛ばしたりを、お客さまがいる仕事の現場で平気でしていたそうです。あるとき、彼に宣材写真を依頼した方がいました。写真は大変気に入ったそうですが、結局二度とリピートしなかったそうです。

月並みですが、最後は「人」です。

ただ、それが会社にたった一人、もしくは数名といった組織の中で極めて数の少ないスタープレイヤーという意味での「人」であってはいけません。

少なからず会社やお店は、そこで働くスタッフにお客さまが付いています。

特にヘアサロンや飲食店などは、そうです。人間的な魅力を持った店長が辞めたり、愛されキャラだったキーパーソンがいなくなることで、売上がガクンと下がるケースは、実際少なくありません。

そうならないためにも、**小さな会社はそこで働くすべてのスタッフの「気持ち良さの平均値」を、高い位置で維持する必要があります。**担当者によってサービスに大きな差がある会社は、それだけでも過去に商機を逃しているはずです。

ここに気がついている経営者は、クレドなどを用いての「仕事観の共有」に時間をかけます。

他の仕事の時間を削ってでも、ここを大切にします。

単にクレドや社是・社訓などを読み合わせて終わってしまうミーティングが実際には多いのですが、福岡を拠点として企業の広報用動画の制作やインターネットテレビ局を運営する「カウテレビジョン」では、各スタッフが自社のクレドの各項目を「どう独自に理解し、どのように実践しているか」まで掘り下げた入念なミーティングを毎日行っています。

その甲斐あって、九州では「企業のPR用の動画を頼むなら、スタッフが気持ちいい『カウテレビジョン』と、価格を超えた選ばれ方をしています。選ばれたといえば、「カウテレビジョン」は創業わずか六年で九州ナンバーワンベンチャーにも選出されています。

仕事に誇りを持ちながら、それでいて楽しく踊るように働くスタッフ。みんながみんな100％そうはならないかもしれませんが、それに極力近づけるように努力する。小さな会社の大きなチャレンジですね。

03

正社員だけがチームじゃない

会社の個性や方向性が好きで入社する社員は、その後も長続きする傾向にあります。

逆に、もらえる額だけに惹かれて入ってくる社員は、結局その後もお金が理由で去りゆく可能性も小さくないと思います。

ということは、やはり会社に強烈なスタイルや軸のようなものがあった方が、心から成功を分かち合えるようなチームメンバーを集めるのによさそうです。

これは直接雇い入れる自社スタッフ以外にもいえることです。

仕事には、社員の他にも協力会社や、外部のプロフェッショナルたちの存在が欠かせません。仕事に関わるメンバーが引き寄せられた理由が「お金か？」「ビジョンか？」で、後々の仕事の質や楽しさも変わってきます。

「社員かアルバイトかなんて、お客さまにはわからない」とは、スタッフトレーニングの現場で、よく話されることです。

それと同じく、お客さまはもしかしたら、外部スタッフや協力会社も含めて〝あなたの会社〟と見ているかもしれません。クリックすれば、その会社自体だけではなく協力会社やタッグを組んでいる人たちのこともわかってしまう世の中です。

「この会社は好きだけれど、一緒にやっているこっちの会社はちょっと……」と、お客さまがそんな細かいところまでチェックしている可能性もゼロとはいえません。

事実、世界的に有名なブランドの中には、一緒にチームを組んでいる協力会社・業務委託先にも、フェアトレードや、健やかな労働環境、ビジネス上の道徳などを、ある一定の高いレベルで共有する目的で、契約書の中に様々な決まりごとを盛り込んでいるケースが見受けられます。

「インターナル・ブランディング」という言葉があります。

これは世間やお客さまに向けて行うブランドづくりではなく、文字通り「内向きのブランディング」という意味で、自社スタッフや関わる協力会社などに向けて、会社の成し遂げたいことや方向性を明確化・共有化していくという考え方です。

また、お客さまから見たときに、外部スタッフも含めたチーム全体が一枚岩になっているように演出していくという側面や、仕事に関わる全メンバーが一緒に研修を受けるといったことも含まれています。

働き方が多様化し、近年個人や小さな会社同士がプロジェクトごとにくっついたり離れたりということがとても多くなりました。外部スタッフも、その期間中は同じ名刺を持ったりするので、それこそ端から見たらどこまでが社員でどこまでがサポートメンバーか、なかなか見分けがつかないというのも現状です。

ならば大切なのは、今よりも幅広く「自分たちのチーム」を捉えることです。そして、時間とエネルギーをかけて、志を共にするためのコミュニケーションを繰り返していくことです。

ある宅配ピザ店では、普段からポスティング業務をサポートしてくれている会社のスタッフを定期的に招き、お店で一緒にピザをつくるというイベントを行っています。

生地をこねて自由にトッピングをしてもらい、一緒にピザを焼いて食べるというだけのことですが、それでも店内で時間を過ごしている間に鳴り響く電話を目の当たりにし、「自分が撒いたチラシがどう役立っているのかわかった」と、ピザ店のブランドへの理解を深めてくれます。

04

スタッフのモチベーションを上げる仕組み

私が好きなサッカーの監督は、負けた試合の後のミーティングよりも、むしろ勝ったゲームの後のミーティングを大切にしていると聞きます。日本の会社は、残念な感じだったイベントの後に反省会はやるけれど、うまくいったときはパーッと打ち上げで終わってしまうことが少なくありません。

たしかに、本来ならば「なんでうまくいったのか?」を考えるミーティングを行い、しっかりと成功のレシピをまとめ、みんなで共有する方がスマートです。

スタッフがお互い褒め合うような「チアフルな職場」と、上司が恐怖によってリードする「フィアフルな職場」とでは、どちらがいいか？　講演でこう問いかければ、世代を問わず、みんな「チアフルな職場がいい」と答えます。

また、「仕事をしていて嬉しいときは?」と聞けば、「お客さまに喜んでもらえたとき」と返ってきます。

が、「喜びの声を職場でシェアし、チアフルな職場をつくる」を、職場で日常化している小さな会社があるかといえば、私が知る限りそんなに多くはありません。


答えがない今の時代、自分のやっていることに100%の自信を持っている人は少数派です。


だから、職場のスタッフには、お客さまや地域社会から届く「喜びの声」がシェアされていることが好ましいのです。そういった声があれば、「自分たちのやっていることは間違っていない」「自分たちは、たしかに社会に役立っている」と感じることができます。

ポイントは、「そういった声が届いたらやろう」「しばらくやっていないからやろう」ではなく、仕組みとして職場に根付かせることです。

具体的にいえば、週に一度スタッフ全員や部署単位で集まって、届いた喜びの声だけをシェアするミーティングを、決まった日時に行うことです。進め方に決まりはありませんが、最終目的はチアフルな雰囲気をつくり、スタッフのモチベーションを高めることにありますから、そこに着地すれば問題ありません。

私は、何かの最後の方の時間や別れ際の時間を「ポジティブに終わること」を普段から心掛けているので、この喜びの声をシェアするミーティングを決まった日時に設定するとしたら、**一週間の仕事終わりの日時がいいかなと思っています。**

持ち寄る「喜びの声」の形は、どんなものでも結構です。

実際に届いた手紙やハガキを持ち寄るのもいいですし、プリントアウトしたメールを持参するのでもかまいません。「こんな風に言ってくださった方がいました」と、口頭ベースでもオーケーです。大切なのは、各スタッフに平等の数値目標を定めることです。ビジネスは数字です。数値化できるものは、なるべく数値化するべきです。

たとえば、一週間に各スタッフが「30の喜びの声を集める」と数値設定したとします。「いやいや、それはちょっと……」となるかもしれませんが、稼働日で換算すれば、各人月曜日から金曜日まで、一日たった6つの声を集めるだけです。大丈夫です。数値なんてちょっと意識するだけでも上がっていくものです。そのうちこの数値が当たり前のものになってきます。

スタッフが自発的に喜びの声を集めるアクションを取りはじめたら、「チーム力が上がってきた」と判断してもいいでしょう。気がつくスタッフはここで気がつきます。

「喜びの声を集めるためには、まず自分たちの仕事に関係する人たちに、先にこちらから喜びの声を伝えてあげることが一番だ」ということに。

05

新しいヒントは「社会科見学」から

ディズニーランドへ行って、レジが気になった人はほとんどいないと思います。なぜなら、レストランでもショップでも、ディズニーランド内にあるレジはすべて、違和感がないようにその場の世界観に合わせてデザインされてあるからです。徹底して「非日常を味わってもらいたい」という創業者の哲学が、そんなところにもいきていています。

他にも、同じように考え抜かれたディテールが、ディズニーランドには星の数ほどあります。こういった積み重ねが、他のアミューズメントパークとは全く違う魅力を生み出しています。

「なるほど！　そういうことか」と、週末のディズニーランドでヒントを得たヘアサロンのスタッフがいたとします。休み明けの日に、同じく「お客さまに非日常を味わってもらいたい」と、カラーリングやパーマで使うアルミホイル・ラップ紙の箱を、オシャレなテープで隠しました。

「よりリラックスしてもらうために、家庭にある風景を見せたくない」という想いからでした。十人に一人しか気がつかないことかもしれません。でも、私は、こんなスタッフを「すてきだな」と思います。

小さくても支持を得ている会社やお店の経営者やスタッフは、いくつになっても勉強をし続けています。何に対しても、あくなき好奇心を持ち続け、自分が知らないことがあれば「なにそれ？」と目を輝かせています。

ビジネス書やセミナーで学ぶだけではなく、いつもの行動範囲を遥かに超えて、実際に「価値ある会社やお店」を体験しながら学びを得ます。そして、ここが大切なのですが、その学びを自社の価値上げにいかす応用力を持っています。

自社の商品やサービスを使うことだけが愛社精神ではありません。他のブランドを経験して、「すごい！　こんなのうちにはないな」と学び、それをフィードバックするのも愛社精神です。

「うちのタイヤの仕入れ価格が大型量販店の売り値なんだよ。これじゃ一体どうすれば……」。これは実際に講演会に来てくださった経営者の方が話していたことです。タイヤに限ったことではなく、これは大型量販店と町のお店の関係性をよく表していると思います。

でも、よくよく話してみると、どうやらその経営者の方は実際に大型量販店に足を運んだことはないらしく、その他もホットな会社やお店にはあまり興味がない様子でした。

価格で競うのは、今後も厳しいはずです。

だったら、お店の価値を上げるしかありません。そして、その価値上げのヒントは、街に出たらどこからでも得ることができます。

机上ではなく、街から感じて学ぶ「大人の社会科見学」は、実に楽しいことです。

ピザーラの創業者である淺野秀則さんは、旅行や出張に行くなら、**「その街にある一番いいホテルの、一番安い部屋に泊まることが勉強になる」と話しています。**

常にメモ帳とデジタルカメラを持参し、気になる会社やお店があったら、すぐにインターネットで研究する。感じるものがあれば、それを現場にいかしてみる。たったこれだけのことを続けるだけでも、大型量販店が出店を躊躇《ちゅうちょ》するほど、そのエリアで愛され続けるショップをつくりあげることが可能になります。

学び続ける会社のことを「ラーニング・オーガニゼーション」と呼びますが、そんな雰囲気にチームを導くことができれば、会社はもっと進化します。

ちなみに、私がコンサルティングの現場に入る前に、必ず確認・質問する5つのことがあります。財務諸表を見るよりも、この観点から会社やお店をチェックする方が、より正確にその会社の善し悪しを知ることができます。この本書の最後に付けておきますので、ぜひ、チェックシートのようにして、今後の会社訪問時に使ってみてください。

06

「イケア」的プライシングポリシーをつくる

ある大学で学生と教授の、こんなやり取りがあったそうです。

最初の質問は、「誠実な会社と嘘をつく会社、どちらの会社から商品を買いたいか？」というものでした。その問いに、もちろん多数が前者を選びました。

次に、「では、**誠実な会社と、嘘をつく会社、どちらが儲かりそうか？」と質問すると、なんと多くが「嘘をつく会社」と答えたそうです（笑）**。この章の最後のトピックは、**「価格設定の方針を公表する」**という話です。

価格について語ることに苦手意識を感じている社会人は、私のまわりに少なくありません。

だから私はコンサルティングの現場で、「きっとそんなスタッフが、この会社にもいるはず」と想定し、あらかじめ会社としての**「うちは、こういう方針で値付けを考えています」という文言や、説明用のチラシを用意するようにしています。**時にはその文言を名刺に記載することもあります。

また、ポスターにして店内に貼ったり、ホームページで公開する場合もあります。お金のことなので、そのまま書くとヘビーな感じになってしまいますから、やわらかい文章の表現と、デザインに気を配りながらつくります。

このような値決めに関する会社の方針を、私は「プライシングポリシー」と呼んでいます。

プライシングポリシーを、はじめからつくり、その考えをチームに浸透させておけば、お客さまから価格のことで質問を受けても、「私たちは……」とスタッフが明確に会社の方針を答えることができます。プライシングポリシーは対外的にも、対内的にも、会社にとって大切なツールなのです。

たとえば、スウェーデン発の世界的家具ブランド「イケア」の店内には、かわいくデザインされたポスターの形で、「私たちがこの価格で商品を提供できる理由」が、いくつか掲げられています。梱包が簡易的なこと、お客さま自身で持ち帰ること、お客さま自身で組み立てるようになっていること等々、低価格の理由が楽しく理解できるようになっています。これもプライシングポリシーです。

今でこそ、これらは「イケアらしさ」として日本に浸透していますが、こうして自分たちの価格に関するスタンスを、あらかじめ明確にしていたことも、そこに一役買っているのではないかと思います。

スタッフのサービス力の高さで世界的に評判のホテル「ザ・リッツ・カールトン」では、支払いを済ませるとその明細にサービス料が15%という額で計上されています。日本におけるホテルのサービス料は通常10%程度です。「ザ・リッツ・カールトン」は、「この5%は社員教育に使わせていただきます」と、ちゃんと明言しています。

そのことについてとやかく言っている人なんて、私のまわりには少なくともいません。みんな応援の気持ちも込めて、喜んでそれを支払います。そして、「今度はどんな進化をしているのかな？」と、またリピートするときを楽しみにしながらホテルを後にします。

値引きを求められること、もしくは好ましくないタイプのお客さまへのディフェンスとして、私はコンサルティングの現場で他にも「こういうお客さまは、お断りさせていただく場合があります」というタイトルで、箇条書きにした文書を用意することがあります。これもプライシングポリシーの一環です。「〇〇な方」「〇〇で、〇〇な方」といった書き方で記していくのですが、小さな会社にとって、これは大きな防御になります。

今までお付き合いしているお客さまもいる手前、導入には勇気がいるかもしれません。だから、これもやわらかな文章で書くことをおすすめします。もちろんこの箇条書きのリストが山ほどあると感じが悪いので、たとえたくさん書けたとしても、対外的に公表するのは最大でも5つくらい。あとは「……他」としておくといいと思います。もちろん、よりポジティブにいきたい場合は、「こういうお客さまとのお付き合い、心よりお待ちしております！」と、会社やお店にぜひ来てほしい顧客像を箇条書きで記していくのもアイデアです。

それまでどんなに騒いでいた人も、教会の中に入ると、その雰囲気に圧倒されて急に静かになります。

「うるさい人は、お断り」と、どこかに書いてあるわけではありませんが、そこにある空気が、人をそう振る舞わせるのです。ホテルやスタイルのある会社・お店も、これと同じです。どこにも書いていないけど、「ここは自分向きではない」「ここでは、こういう振る舞いをしなくてはいけない」と、受け手に思わせるパワーがあります。これがブランドの効果です。

ブランド会社には、バリアの機能が付いているのです。

とはいえ、いきなり明日からブランドになれるというわけではないので、その前に、このプライシングポリシーを考える方が大切。機会があったら、ぜひ試してみてください。

そこからスタイルが生まれ、その地域・業界におけるブランド会社になる可能性も十分あります。

CHAPTER

7

「ライフスタイルブランド」構築への挑戦

「あのお店がなくなったら嫌だなぁ」
「私の人生は、あの会社のおかげで楽しい」
こんな風に思ってもらえるレベルまで、
お客さまや社会から愛されたら、
経営者やスタッフは幸せです。
お客さまの生活を、
より豊かにする役目を果たす存在を
ライフスタイルブランドといいます。
「ライフスタイルブランドを目指す」は、
小さな会社の大きなチャレンジです。

LIFESTYLE

01

価格を自ら上げられない会社の場合

ここまで読んでくださって、本当にありがとうございました。

この本も、いよいよエンディングに近づいています。「価格を下げずに、価値を上げる」というテーマでお送りしてきましたが、もしかしたら「そもそも、うちの商売は価格を勝手に上げ下げできるわけじゃないし……」という方もいるかもしれません。

フランチャイジーとしてビジネスをされている方や、業界全体で価格の取り決めがあるようなフィールドで仕事をされている方、もしくはメーカーとして路面店やネット店もやっているけれど、卸し先に配慮して定価による販売しかできない方などが、これにあたるのかなと思います。

この部分に関しては、著者として書籍の企画の段階から、「そういった方々に対しては、どういうメッセージを伝えていけばいいのか？」と悩みました。

でもいろいろ考えた末、これに関しても今まで通り、実際に私がプロジェクトの現場でやっていることを、そのまま記そうと思います。

小さな会社を、その業界や地域のブランドと呼ばれる存在に導くこと。これが私の仕事です。でも、そんな言いまわしをしても何だかピンときませんね。だから私は、時折こんな風に自分の仕事を表現します。

「なくなったら嫌だなぁ……」と思われる、小さな会社やお店をたくさんつくる。

その地域・業界で愛され続ける小さな会社やお店を、たくさんつくる。

これが私が誇りを持って毎日取り組んでいることです。

トム・クルーズ主演のスポーツビジネスの映画『ザ・エージェント』の中にこ

んなセリフがあります。「You complete me.」。ニュアンスで訳せば、**「あなたがいて、はじめて私の生活は完成する」**という感じになります。

ストーリーの中で、これは人に対して発せられている言葉ですが、これと同じように、お客さまから言われるような会社やお店になる。これが、価格の上げ下げ云々にかかわらず、私が日本の小さな会社を導きたい、ひとつのゴールです。

誰かのライフスタイルに欠かせない存在になる。

社会にとってかけがえのない存在になる。

ほんの少しの工夫と努力と使命感で、どんな会社だってそんな存在になれるはずです。

02

目指したいのは「ライフスタイルブランド」

今、私はこの原稿を、東京・南青山にある、「スターバックス」のテラスで、アイスコーヒーを飲みながら書いています。

「スターバックス」は、学生のころから、私のライフスタイルの大きな一部分を彩ってきたブランドです。「家で勉強したときに嗅いだ香りを試験の会場でも嗅ぐと、記憶がよみがえり解答しやすくなる」という心理学の教授の言葉を信じ、テスト中も常に「スタバ」のコーヒーを机に置いていたくらいです（笑）。

その中でも、特にこのお店は、いつも明るく優しく接してくれるスタッフを含め、私の生活に欠かすことができない存在になっています。

元々「起きている間は、ずっとコーヒーを飲んでいる」というくらい、私はコーヒー好きなのですが、「スターバックス」で飲むコーヒーは空間も含めて楽しめるし、また持ち帰ったとしても、あの緑のロゴのカップが自分にちょっと特別感をもたらしてくれるような気がします。

この本の中で事例にも挙げた「メンチーズ」の社長であるアミット・クラインバーガーさんと、ロサンジェルスでフローズンヨーグルトを食べながら意見交換をしたときに、「ライフスタイルブランド」という話題で盛り上がりました。

その内容は、「コーヒーは、どこでも買うことができる。でも、『スターバックス』で買うコーヒーは、ちょっと違う。単にクオリティという話ではない。私たちは『スターバックスのある生活』が好きなんだ。**私たちはライフスタイルそのものを『スタバ』で買っているんだ**」というものでした。

ベルリンの街に、小さなコインランドリーがあります。

フレディ・レックさんというひとりの青年が始めた、最高にクールなコインランドリーです。オリジナルの香りとパッケージでつくった洗剤も、男性向け・女性向けで分けて販売していたり、店内で流れるBGMがCDで買えたりと、とても楽しいランドリーです（２０１７年夏に東京に上陸を果たしました）。

フレディとも、そのランドリー内でお茶をしながら（ランドリーにカフェ機能が付いています）同じような話をしたことがあります。事実、周辺には他にもランドリーなんていっぱいあるのに、みんなフレディのところに吸い寄せられます。ランドリー内で自由にアイロンをかけたりおしゃべりしたり、宿題をやったり……街の一コインランドリーでありながら、見事に地域の人のライフスタイルブランドになっていたのを覚えています。

お客さまの顔には、みんな「私はフレディ・レックで洗っているの」と、ちょっと自慢げな表情が浮かんでいたのが印象的でした。

03

大切なのは、「ちょっとだけ自慢できる」こと

クレームの世界のカリスマ的存在であり、一世を風靡《ふうび》した大ベストセラー『社長をだせ！』（宝島社）の著者でもある川田茂雄さんと講演でご一緒する機会に恵まれたときのことです。

「最もクレームになりやすい人が嫌がること……それはバカにされることです。老若男女、自分がバカにされたら誰もが怒り出します」と言う川田さん。本当に納得がいく話です。

その反対に、「どういうときに、人はみんな喜ぶのかな？」と、帰路、私はしばらく自問しました。

そして、ベストの解答ではないかもしれませんが、私の頭には**「自分の価値が上がったと感じたとき」**と浮かんできました。

「価格を下げるのではなく、自分たちの価値を上げる」。この書籍の軸は、ずっとここにありました。

もちろん、ライフスタイルブランドと呼ばれるような会社やお店も、例外なく、価格以上の価値があるからこそ、たくさんのファンがいるのだと思います。

最後に、このテーマを、こんな角度から覗いてみましょう。

ここまでいろいろなお話をさせていただきましたが、安売りをしない会社は、結局のところ、**「お客さまの価値を上げている」**という気がします。

「これを使っている、ちょっとおしゃれな私」「あの店で買っている、ちょっとクールな僕」「このコミュニティに属している、ちょっとかっこいい自分」……

こういったお客さまの**「ちょっとだけ自慢できること」**までも深く考え、それを商品やサービスを通じて提供できている会社が、最終的には価格競争とは違うところで活動を続けられている会社になっているんじゃないかと思っています。

「アップル」のアイテムは、持っているだけでその人を〝最先端な人〟に見せることができる、ちょっと自慢できる商品です。

「ディーン&デルーカ」は、ただのお惣菜屋さんではありません。そこを利用すれば、〝おしゃれ感度の高い人〟に見える、自分の価値がちょっと上がるお店です。

「ゴールドジム」や「ハーレーダビッドソン」も同じです。ユーザーになれば、そのコミュニティの一員としての自覚と誇りが生まれるライフスタイルブランドです。

これらは大きな会社の事例ですが、どんな地域や業界にも、小さいながらこれと似たような関係をお客さまとの間に築くことに成功した会社やお店は存在します。

「ちょっとだけ高い価格設定」だけど、選ばれる会社。**その成功要因には、お客**

さまの「ちょっとだけ自慢できること」があるのかもしれません。

強く強くお客さまのことを思えば、小さな会社も最後はそこに行き着く。私は、そう信じています。

EPILOGUE

「新しい価値を生む」という社会貢献

「より安く」とは逆の方向に歩む勇気

この本の編集作業の合間に、「お疲れさま」の意味も込めて、ちょっとした食事会を開催しました。場所は東京・本郷三丁目。本書に関わったメンバーが、「ファイヤーハウス」というカリスマ的な人気を誇るハンバーガー店に集結しました。理由は、この書籍の編集担当者の自宅が近くであることがひとつ（笑）。もうひとつは、ここが今回の本のテーマにマッチしたお店だからです。

「ファイヤーハウス」が、この場所で産声をあげたのは1996年。当時の日本でハンバーガーはまだまだファストフード。ランチならまだしも、「きちんとしたディナーとしてハンバーガーを食べる」という認識は一般的にあまりありませんでした。

でも、あれから時代は一変。

今ではラーメン店と同様に、無限にクリエイティビティを発揮できる食べ物ということで、ひとつ軽く1000円を超すような価格のハイエンドなハンバーガーショップは世間の注目の的です。デートコースとしても大人気で、東京では続々と新しいお店が誕生しています。

この新しいムーブメントのきっかけとなったのが、この「ファイヤーハウス」です。「より安く」とは逆方向で、それまであった日本のハンバーガー店の常識を覆すような新しい価値を次々と打ち出し、大成功を収めたお店です。

数々のオファーを断り、むやみに拡大してこなかった勇気にも特筆すべきものがあります。

それでいて、その影響力は絶大。飲食業界からも大変なリスペクトをされています。今では「ファイヤーハウス」で修業を積んだ元スタッフたちが、全国各地で同じようなプレミアム系のハンバーガー店を営んでいるので、直接的・間接的にも、経済や雇用に大きく貢献したことになります。

「ファイヤーハウス」の創業者である吉田大門さんは、いつもサッカー部で一緒にプレイしていた、私の学生時代の先輩です。そのころから、この偉大な先輩に追いつき追い越せの精神でやってきたおかげで、今の私があります。当時から、「将来、何か大きなことをする人だろう」という予感はしましたが、実際こうして日本に新しいカテゴリーをつくりあげるなんて、本当にすごい人です。

「より安く」とは逆の方向に歩む。これは大変な勇気が必要です。

でも、果敢にチャレンジすることで上昇気流が巻き起これば、この例のようにたくさんの人たちがその恩恵を受けることができます。

「良いものを、より安く」も社会貢献ですが、「価格を下げずに、価値を上げる」も、また企業が社会に貢献できるひとつの形であることが、この事例からもわかります。

いつも終わりはポジティブに

「ファイヤーハウス」の帰り道、あれだけ食べたのにもかかわらず、同行した私のアシスタントたちは、お持ち帰り用のハンバーガーもしっかり買い込んでいたのには、正直びっくりしました。でも、これはほんの序の口。びっくりするのはここからです。

一緒にタクシーに乗ったのですが、走り始めて一分もしないうちにパッケージを開けて、その大きなハンバーガーを再び食べはじめたのです！

そのスピードたるや、すごいものがありました。お店で食べたときの何倍もの速さで平らげ、全員大満足の顔。いやはや唖然としました。

「なんで彼女たちは、こんなに早くハンバーガーを食べなければいけなかったんだろう？」

私は不思議でしょうがありませんでした。

やってはいけないとわかりつつ……どうしてもその理由が知りたくなったので、先に降りた彼女たちが置いていった、空のハンバーガーの箱を持ち上げ、恐る恐る、その底を覗いてみました。

そうしたら、そこにはなんと、こんなことが書かれていました……

「お早めにお召し上がりください」

……と、これは古典的なジョークですが、文中に「いつも終わりはポジティブに」と書いたので、今回は、いつもの書籍とは違った雰囲気のエンディングにしてみました（笑）。

最後まで読んでくださって、本当にありがとうございました！

この国に存在する会社のほとんどが、小さな会社。いわば、**小さな会社は日本経済の主役です。**

大きな会社や政治に頼ることなく、私たちのような小さな会社が毎日の工夫から「新しい価値」を生み出していく。どんなに小さなステップでもかまわないから、毎日とにかく前進する。みんなでやれば、きっと日本は新しいステージに進めるはずです。

もしもこの書籍の中に、ひとつでも気づきがあれば、とても嬉しいです。そして、それを一日も早く形にしてくださったら、著者としてこれほどの幸せはありません。

「ありがとうの数」を数える

この本の最後の最後のエンディングの部分でペンが止まり、しばらくスタッフと部屋で悩んでいたときに、一通のメールが携帯に届きました。

私の講演などに、よく足を運んでくださる、東京・池袋にあるすずき会計事務所の所長で税理士の鈴木尚さんからでした。

いやはや、驚きました。私が価値と価格についての本を書いていることも、またそのエンディングで悩んでいることも、鈴木さんは知らなかったはずです。でも、こういうことってあるものなんですね。想いが込められたその長いメールは、鈴木さんが考えたという「価格と価値」についてでした。


経営者にとって一番大切な数字は「利益」です。

「利益をあげる」ということは「ありがとうの数を数えて、ありがとうの数を増やす」ということです。

「利益」は、「ありがとうを言ってもらった数」から、「ありがとうを言った数」を引いた数のことです。

誰かに何かをしてもらって「ありがとう」を言った数より、自分が社会に貢献して「ありがとう」を言われた数が多い方が幸せだと思います。

「数字」と言われただけで「追いかけるもの」とイメージする人も少なくないかもしれません。

でも、私は経営者に「ありがとうの数を数える」を意識してもらいたいと思っています。

鈴木さん、すばらしいアシスト、本当にありがとうございました。

「みんなの一分一秒がつまっている」という敬意

「ありがとう」の話題が出たところで、文庫版のリリースによせて、最後に関わるすべての方々へ感謝を。

2010年10月に発売された本書の単行本ヴァージョンでは、このページに「今日あなたが手にした商品やサービスには、無数の人が関わっている。その皆の一分一秒がつまった仕事への敬意を、働くすべての人が今よりもっと持つことができれば、『買い叩く』も『やみくもに安売りをする』も減るのではないでしょうか……」というメッセージを綴りました。

感謝が大事とは、誰もがいうこと。でも、こと商売に関しては、それを超越した敬意のようなものがあるといいものです。

そして今、僕も同じ気持ちです。

ここで示したいのは感謝以上のリスペクト。

一緒に本書をカタチにできたことへの喜びを、次の方と分かち合いたいです。

まず、この本の編集担当・大和書房の白井麻紀子さん。

ここから〝脱・安売り本〟のブームを起こせたこと。

アワードを獲り、メディアに多々取り上げられたこと。

この七年間で共に成し遂げてきたあれこれは、それぞれ忘れることのできない人生の重要シーンです。

そして、こうしてまた一緒に文庫版を世に残すことができた。

その仕事っぷりと友情に、心からの感謝と敬意を。

また出版といえば共著パートナーである浜口隆則さんにも、これまでのインスピレーションと夢の共有、チャンスとモチベーションに、心からの「ありがとう」を贈ります。

そして、秘書として全国を共に駆けまわる原三由紀さん。スターブランドを社会的インパクトのある会社にすることへの貢献を長年続けている粉奈健太郎くんにも、大きな声で感謝を伝えたいです。

僕が率いるスターブランドという会社は、全国の多くの企業が名を連ねる〝スターブランドCLUB〟という会員組織がベースとなって成り立つ会社です。

地域・業界のキラリと光るようなブランドと呼ばれる存在を目指し、切磋琢磨する集まりですが、本書の事例の多くも、この会員企業のものです。

お名前・社名をすべて挙げることはできませんが、その〝スターブランドCLUB〟に属するすべての方々にも、これまでかけがえのない時間を共に過ごせたことへの喜びと感謝を伝えたいです。過去七年間、このチームで大きく中小企業の地位を上げてきたと自信を持って僕はいえます。協働できたことに、とても感謝しています。

また、これも全員をリストすることは難しいですが、この本に一分一秒の仕事をつめてくださった方々を、スペシャルサンクスの欄に挙げさせていただきました。本当に、ありがとうございました。

最後に両親へ。迷いやすい世を先読みし、その時代を生き抜く力を〝教育〟というカタチで与えてくれたことへの感謝は尽きません。こうして毎日世界を舞台に、自分らしく仕事を通じて社会に貢献できるのも、父・母のおかげ以外何物でもありません。ありがとう。

この文庫版が出るまでの間に、ビジネスの世界も大きく変わりました。それまでの取引関係が変わり、急に自社ブランドの起ち上げを迫られている会社。これまでのビジネスでは先々食べていけないゆえに新規事業を構築中の会社。国内市場の先細りを見越し、海外進出の準備に追われている最中の会社。立場はそれぞれ違いますが、共通するのは「安売りではない方向にいく」だと思います。

僕は地方創生ブランディングも多々手掛けていますが、農家さんや観光業なども含め、日本全国で皆その方向を模索している感じがします。

でも、これはいい機会だと捉えるべきです。

本の中でも伝えましたが「他社よりも安く売る」は、誰でも思いつく発想です。

そうではなく、「価格を下げずに、価値を上げること」。

これこそがビジネスの力や、見せる力、もしくは魅せる力をつけていく上で重要な発想。

会社単位でも、各社会人単位でも、自治体単位でも、はたまた国単位でも、今まさに日本はそこを深く考える時期にきているのだと思います。

そして、この局面を日本人ならではの探求心でスルーできたら……僕は明るく新しい時代の幕開けになる気がしてなりません。

だから、一緒に脱・安売り。

これからも共に知恵を絞っていきましょう。

本書の単行本も、最後の最後の部分は、次のような終わり方でした。

文庫版も、そこは合わせていきたいと思います。

値引きしなくとも顧客満足度が高い、ファンがいっぱいいるようなお店は、総じてスタッフがお客さまの見ているところで「ガチャン」と音を立ててモノを置くようなことはありません。

そうしたところまで心配りをし、それを全スタッフで徹底しているからです。

だから、この本もそうします。

私も今「コトン」とペンを置きました。

香港にて　村尾　隆介

会社訪問時に確認・質問する“5つのこと”

1　その会社のミーティングの構成・内容

朝礼の内容や、定例で決まっているミーティングの頻度などを確認します。また、全スタッフが集まる機会が、しっかり定期的に予定されているかも尋ねます。リーダーやキーパーソンが不在でも、定例のミーティングが約束通りの日時と内容で進められていること、また全スタッフが各ミーティングの目的を理解していることが大切です。

2　トイレのきれいさ・清掃のルール

BtoBでもBtoCでも、お手洗いは大切です。スタッフやお客さまが気持ちよく使える配慮があるか？　また清掃のルールは会社によって大きく異なるので、オリジナリティやリーダーシップが垣間見えるところでもあります。「清掃は外注」という場合も多いですが、その場合は貼りものや置いてあるものに工夫を感じられるかを見ます。

3　植物のきれいさや、置き方の工夫。管理の仕組み

植物は、その会社やお店の雰囲気を読みとる力があります。花や葉っぱが元気で長持ちする会社・お店は、スタッフ同士の仲が良く、ぎすぎすした空気感が一切ありません。枯れ葉の手入れも出来ていれば、心に余裕がある気の利いたスタッフが多い証拠。嫌々ながら仕事として水をやっている職場の植物は、鉢に土がこぼれています。

4　スタッフルームの環境。貼りものに対する工夫

スタッフルームの善し悪しで、会社側やリーダーが、どれだけスタッフを大切にしているかが分かります。女性スタッフにとっても居心地がいい空間・モチベーションが高まる空間は、アイデア次第でいくらでも実現可能です。空き缶・吸い殻・数年前の貼りものが放置されているような場合は、そこに配慮も余裕も感じられません。

5　お茶の出し方。それに対するお礼

オフィス訪問時には、お茶を出していただける場合が多いですが、その出し方からも、その会社のスタンスが理解できます。来客がお茶を運んできたスタッフの方にお礼を伝えるのは当然ですが、大切なのは、その同じ会社のスタッフが、どうコミュニケーションするかです。チームに対する敬意や配慮が見えるところでもあります。

これだけのことを「ただ見る」のではなく、慎重に「観察する」だけで、その会社のポテンシャルや約束事、礼儀や余裕、ディテールへのこだわりが深く理解できます。特に大切なのは、その会社のリーダーとスタッフの間にある「絆」です。それが感じられないと、改革には余計な時間がかかってしまうことが少なくありません。

値下げしないための宣言書

THE DECLARATION OF
"NO MORE PRICE REDUCTION"

COMPANY　　　　　　　　NAME

私、＿＿＿＿＿＿＿＿の＿＿＿＿＿＿＿＿は、

今後、むやみな値下げを一切しません。

ちょっとくらい高くても、お客さまに喜んで

支払ってもらえる価値を考え、

関わるすべての人を幸せにするビジネスの

実現に全力で取り組みます。

年　　月　　日

SIGNATURE
＿＿＿＿＿＿＿＿＿＿＿＿＿＿＿＿

SPECIAL THANKS

Ryuichi Aoki
青木龍一さま

Hidenori Asano
淺野秀則さま

Taishi Azuma
東大史さま

Yoshimi Abe
阿部悦己さま

Masako Ikeda
池田正子さま

Koji Ishizuka
石塚浩二さま

Nobuaki Ito
伊東伸晃さま

Risako Ina
稲奈璃沙子

Hiroyuki Uehara
上原裕之さま

Nakafumi Uchiyama
内山仲史さま

Mitsunobu Enomoto
榎本光伸さま

Kaori Oishi
大石香織さま

Ryoko Oshiro
大城亮子さま

Akimitsu Otsuki
大月章光さま

Masuo Kashiwabara
柏原益夫さま

Mizuki Kato
加藤瑞紀さま

Mai Kato
加藤麻衣さま

Takashi Kaneko
金子孝さま

Shigeo Kawada
川田茂雄さま

Yoshihisa Kitano
北野喜久さま

Yuji Kinoshita
木之下祐士さま

Naoki Kusunoki
楠直樹さま

Akiko Kusumoto
楠本晶子さま

Shinya Kunugi
功刀慎也さま

Shinichi Kojima
児島慎一さま

Kazuhiro Kobari
小針一浩さま

Sho Kobira
小平翔さま

Takehiko Koyama
小山竹彦さま

Shinobu Kondo
近藤忍さま

Kaoru Goto
後藤薫さま

Kazuhisa Goto
後藤和久さま

Yoshiki Saito
齋藤佳樹さま

Tomohiro Sakata
坂田知裕さま

Setsuko Sato
佐藤節子さま

Teruko Sato
佐藤照子さま

Mitsue Sato
佐藤光恵さま

Hirotaka Shimizu
清水博孝さま

Takashi Suzuki
鈴木尚さま

Shinichi Takaki
高木進一さま

Tsuneaki Takagi
高木恒明さま

Yuki Takaki
高木由紀さま

Shinobu Takada
高田志乃ぶさま

Yasunori Takahashi
高橋康徳さま

Yoshijyu Tashita
田下好寿さま

Noriaki Tanaka
田中ノリアキさま

Yoshimi Tanaka
田中由美さま

Jun Nakagawa
中川淳さま

Nobuya Nakajima
中嶋乃武也さま

Jiro Nakajima
中嶋二朗さま

Eri Nakayama
中山恵里さま

Jiro Nagase
長瀬二郎さま

Yoshio Namiki
並木吉雄さま

Yuki Nouchi
野内勇気さま

Atsuko Hatakeyama
畠山敦子さま

Sari Hiranuma
平沼沙里さま

Katsumi Fujikura
藤倉克己さま

Ichiro Fujita
藤田一郎さま

Ayako Fujiwara
藤原彩子さま

Hiroko Masuhara
増原裕子さま

Shoma Miura
三浦彰真さま

Ryo Minamoto
源亮さま

Yuji Miyata
宮田雄二さま

Aya Murase
村瀬彩さま

Seiko Murata
村田星子さま

Hiroki Murata
村田大樹さま

Ikuo Mochizuki
望月郁夫さま

Shigeyuki Motosuga
本菅重行さま

Ayana Morii
森居綾那さま

Shintaro Yanagi
柳慎太郎さま

Koji Yamaguchi
山口浩司さま

Katsuko Yamaguchi
山口克子さま

Naoto Yamamoto
山本直人さま

Taira Yoshida
吉田平さま

Daimon Yoshida
吉田大門さま

Kayoko Yonaga
代永加世子

Hiromi Wada
和田裕美さま

Mr. Amit Kleinberger
Mr. Freddy Leck

本作品は小社より二〇一〇年九月に刊行された『安売りしない会社はどこで努力しているか?』を再編集して文庫化したものです。

村尾隆介（むらお・りゅうすけ）

ビジネス書のベストセラー作家で、現役のブランド戦略コンサルタント。日経BP総研の中小企業経営研究所、客員研究員。

弱冠14歳で単身渡米。ネバダ州立大学教養学部政治学科を卒業後、本田技研（ホンダ）に入社。同社汎用事業本部で中近東・北アフリカのマーケティング・営業業務に携わる。退職後、食品の輸入販売ビジネスで起業。事業売却を経て現職。

その成功ノウハウを、小さな会社やお店に提供するために再度起業した「スターブランド株式会社」は「小さな会社のブランド戦略」におけるリーディングカンパニーとして北海道から沖縄まで多数のクライアントを抱える。

講演・セミナー数は年間100本以上。地域ブランディングにも数多く関わり、岩手県の観光文化大使（希望郷いわて文化大使）も務める。

著書に、『営業部は今日で解散します。』（大和書房）など多数。

http://www.ryumurao.com

だいわ文庫

安《やす》売《う》りしない会社《かいしゃ》はどこで努力《どりょく》しているか？

著者　村尾《むらお》隆介《りゅうすけ》

二〇一七年一二月一五日第一刷発行
二〇一九年七月二五日第二刷発行

発行者　佐藤靖

発行所　大和《だいわ》書房
東京都文京区関口一－三三－四　〒一一二－〇〇一四
電話　〇三－三二〇三－四五一一

フォーマットデザイン　鈴木成一デザイン室
本文デザイン　齋藤佳樹
本文印刷　シナノ
カバー印刷　山一印刷
製本　ナショナル製本

ISBN978-4-479-30683-2
乱丁本・落丁本はお取り替えいたします。
http://www.daiwashobo.co.jp